百 仙 图

[明] 王世贞 ——— 撰
魏 均　章 言 ——— 编

图文版人物写真

陕西新华出版　三秦出版社

出版说明

这是一套浓缩的中国历史普及读物，它舍去斑驳陆离的历史过程、莫衷一是的是非功过，只是眼盯着历史上那些鲜活生动的三教九流、芸芸众生，按照特定的价值尺度，分类各选取一百名风格各异的人物。如果说五千年中国历史是一部戏剧，那么这些人物基本上就是剧中的主要演员了。《百将图》荟萃了各个朝代的军事精英，名将们以其大智大勇力挽狂澜而赢得了人们的尊敬，他们有的是一仗成名，少年得志；有的是老谋深算，百战百胜。战争和危难为他们提供了一展身手的机遇，使他们名垂青史。《百美图》实则是中国历史上女性群体中的翘楚，容貌和姿色并不是她们入选的主要资本，聪慧和善良才使她们备受垂青。《百孝图》搜辑历代孝亲敬老故事，意在延续中华古代第一美德的血脉。《百帝图》总结历代帝王兴衰成败的关键，通过一个个故事把美德和痼疾同时展现。《百贤图》汇辑历代名臣言行和儒林故事，描绘了中国古代士大夫的精神风范。《百仙图》着眼于遁世避俗者这一特殊群体，用小说家言诠释他们的准真实故事。

　　此次整理出版这套小书，基本都是在古人原书基础上，补充了大量资料后改写而成稿。书中插图大多数为古书原图，具有较高的欣赏和收藏价值。

目 录

八十一化(太上老君) …………………（1）
第一夫人(西王母) ……………………（3）
乘麟而至(上元夫人) …………………（5）
膝行问道(广成子) ……………………（7）
太极仙人(何侯) ………………………（9）
借尸还魂(铁拐李) ……………………（11）
以衣拭笏(孟岐) ………………………（13）
弃官学道(彭祖钱铿) …………………（15）
太公钓鱼(吕尚) ………………………（17）
庐山仙石(刘越) ………………………（19）

百仙图

立祠祭祀(匡续) …………………………（21）
骑羊入蜀(葛由) …………………………（23）
瞑目僵卧(彭宗) …………………………（25）
驾鹤吹笙(王子乔) ………………………（27）
夫妻升天(沈羲、贾氏) …………………（29）
垂钓得鲤(涓子) …………………………（31）
乘鲤往来(琴高) …………………………（33）
吃花咽果(寇先) …………………………（35）
送药救人(负局先生) ……………………（37）
终身不仕(庄子) …………………………（39）
观象预知(尹喜) …………………………（41）
专心好道(宋伦) …………………………（43）
乘马吐云(玉子) …………………………（45）
好酒恒醉(太阳子) ………………………（47）
当道沽酒(太阴女) ………………………（49）
举手一指(太玄女) ………………………（51）
呼鸡有方(祝鸡翁) ………………………（53）
避祸成仙(古丈夫、毛女) ………………（55）
圯上老人(黄石公) ………………………（57）
检视仙籍(控鹤仙人) ……………………（59）
乘龙升天(茅濛) …………………………（61）
吹箫引凤(箫史、弄玉) …………………（63）
双凤腾跃(蔡女仙) ………………………（65）

白石为粮(白石生) …………………………（67）
闭目不睁(涉正) ……………………………（69）
书玉回报(安期生) …………………………（71）
三茅真君(茅盈、茅固、茅衷) ……………（73）
胁上题字(修羊公) …………………………（75）
鸡犬升天(刘安) ……………………………（77）
青鸟为伴(缑仙姑) …………………………（79）
孝子别母(苏耽) ……………………………（81）
绝岩下棋(卫叔卿) …………………………（83）
坐于龟上(黄安) ……………………………（85）
知人隐事(郭琼) ……………………………（87）
伐薪施人(焦先) ……………………………（89）
噀酒灭火(栾巴) ……………………………（91）
双双驾鹿(毛伯道) …………………………（93）
乘鸾升天(梅福) ……………………………（95）
稳坐火中(姚光) ……………………………（97）
服丹仙去(魏伯阳) …………………………（99）
采药迷路(刘晨、阮肇) ……………………（101）
以谷换杏(董奉) ……………………………（103）
断刀复原(李阿) ……………………………（105）
石变为羊(黄初平) …………………………（107）
壶中仙境(费长房、壶公) …………………（109）
驾云仙去(蓝采和) …………………………（111）

百仙图

周游华戎(耆域) ………………………… (113)
置斧观棋(王质) ………………………… (115)
戏法多端(葛玄) ………………………… (117)
跨虎陟峰(吴彩鸾) ……………………… (119)
竹化青龙(黄仁览) ……………………… (121)
与虎同行(郑思远) ……………………… (123)
夫妻赛法(刘纲、樊夫人) ……………… (125)
追之不及(孟钦) ………………………… (127)
神人指点(鄞去奢) ……………………… (129)
图形题赞(徐则) ………………………… (131)
青鸟报信(王延) ………………………… (133)
济世救人(孙思邈) ……………………… (135)
入水斩蛟(赵真人) ……………………… (137)
倒骑白驴(张果) ………………………… (139)
天降仙衣(匡智) ………………………… (141)
乘犬仙去(韦善俊) ……………………… (143)
蝉蜕蛇解(聂师道) ……………………… (145)
石上说经(李筌、骊山老姥) …………… (147)
泼墨成画(吴道元) ……………………… (149)
立誓不嫁(何仙姑) ……………………… (151)
十试皆过(吕岩) ………………………… (153)
奉命召之(李贺) ………………………… (155)
以诗观志(韩湘子) ……………………… (157)

乘马过海(伊祁玄解)……………………(159)

掏钱施人(轩辕集)………………………(161)

与鹤盘旋(侯道华)………………………(163)

渔夫举网(尔朱洞)………………………(165)

异地同书(刘玄英)………………………(167)

叠罗剪蝶(张九哥)………………………(169)

点化成仙(曹国舅)………………………(171)

人变蛤蟆(侯先生)………………………(173)

僧道比法(张伯端)………………………(175)

二鸟争食(朱有)…………………………(177)

如期而卒(李鼻涕)………………………(179)

临池照影(莎衣道人)……………………(181)

携罐乞食(王重阳)………………………(183)

倒立饮酒(孔元)…………………………(185)

龟蛇二字(谭处端)………………………(187)

杖击枯槐(丘处机)………………………(189)

随仙游历(唐广真)………………………(191)

垒砖头顶(郝大通)………………………(193)

携篮骑牛(洪志)…………………………(195)

拂袖云游(张三丰)………………………(197)

铁冠道人(张中)…………………………(199)

八十一化

人们所熟知的老子,又被称为道德天尊、太上老君。相传很久很久以前,现在我们居住的地球上没有人类,没有飞禽走兽,也没有花草树木,整个大地一片寂静,经过太上老君九九八十一化,才化出这万物竞生、风雨雷电、善恶是非的大千世界。

太上老君是个奇人,寄胎玄妙玉女尹氏八十一年,到商武丁九年二月十五日诞于楚之苦县厉乡曲仁里(据说即今河南鹿邑羊角山太清宫乡曲仁里)。那天,尹氏正坐在李树下歇息,忽听仙乐在空中鸣响,四周香风缥缈,就在奇异美景目不暇接之际,忽觉得左腋破裂,随之生下了一个白胡子、白眉毛、白头发的小孩。这小孩就是人们熟知的老子,头圆如天,面光像日,皓发如鹤,眉如北斗,虎髭龙髯,素洁如丝,耳有垂珠,鼻有双柱,口方如海,唇赤如丹,齿如编贝,体若金刚,遍处芳香。而且一出生就会言语,指着面前的李树说:"此吾姓也。"后来取名耳,字伯阳,号聃,曾任东周守藏室史。随之又弃官不做,驾青牛车,西度函谷关,传道于世。道教说他住在天界之太清仙境。

百仙图

第一夫人

西王母是尊贵的天界第一夫人——玉皇大帝的太太,以西华至妙之气,化而生于伊川。姓猴,名回,字婉妗,配位西方,与东王公共理二气,调成天地,化育万物。上天下地所有女子登仙得道者,都是西王母的属下。

西王母居昆仑之圃、阆风之苑,所住的九层玉楼云台,左带瑶池,右环翠水。她有五女,分别为华林、媚兰、青娥、瑶姬、玉卮。周穆王驾八骏西巡昆仑时,曾手持白圭玄璧,拜谒西王母,二人在瑶池上举杯对饮。西王母为周穆王高颂歌谣道:"白云在天,山陵自出。道里悠远,山川间之。将子无死,尚能复来。"

后来,西王母于汉元封元年(前110年)降临汉武帝刘彻所在的宫殿,西王母还亲自进献七枚蟠桃给武帝,她吃掉了其中的两枚。武帝想留下桃核,西王母说:"这蟠桃不是人世间所能拥有的,三千年才结一次果实。"此时东方朔正从窗户间向内窥探,西王母便指着东方朔道:"此儿已三偷吾桃矣。"就在同天,西王母命令侍女董双成吹云和之笛,王子登弹八琅之璈,许飞琼鼓灵虚之簧,安法兴歌立灵之曲,来为武帝祝寿。

百仙图

乘麟而至

相传,汉武帝元封元年(前110年)七月七日,西王母乘紫色云辇,驾五色斑麟,降临武帝所住之宫殿,并面向东落坐。武帝跪着向西王母问候起居寒暖后,西王母让武帝坐下,随即打发侍女去迎接上元夫人,并叫侍女转告上元夫人说:"汉武帝刘彻喜好道术,我前来看看他,夫人能否也来一下。"侍女回来向西王母禀报道:"夫人让我代她向您问好。因远隔绛河,动一下就是五十年。"武帝问西王母上元夫人是何仙真,西王母说:"上元夫人是三天真皇之母,总管仙真之籍,为上元之官。"话音刚落,上元夫人便乘麟而至,只见她身穿青霜袍,头上有三个髻,剩下的头发散着垂至腰间。武帝起身拜谒,夫人道:"你也喜爱道术?但你胎性暴、淫、奢、酷、贼。这五者常留于荣卫之中、卫脏之内,所以,即使你多次招徕方士、广求长生不老之药,也是徒劳而已。"说罢,便传授武帝灵飞十二事,然后升天而去。

百仙图

膝行问道

广成子是古代传说中的仙人,居住在崆峒山之石室中,黄帝闻知其仙术不凡而前去拜访,向广成子请教精深微妙的道术,广成子说:"你治理天下,禽鸟不到时候便飞翔,草木不到色黄就飘落,还需要谈及精深微妙的道术吗?"黄帝返回,在家闲居了三个月后,又去拜访广成子,并且膝行而前,再三叩拜,请教治身之道。广成子回答道:"精深微妙的道术关键在于精勤。昏暗幽深之地,既不看也不听。心神清静了,形体自然端正。清静而整洁,就不会损伤形体,也不会动摇精勤之心,如此就可以长生不老了。谨慎于内而不闻于外才行,欲望过多是失败的原因所在。我始终恪守其一,以此达到心平气和,因而活了一千二百岁,形体还不曾衰弱减退。得我这一道术的为上皇,丧失我这一道术的为下土。离开人群人无穷之门,游无极之野,就可与日月同辉,与天地同存,这样所有的人都不在了,而我方能独存于世。"

百仙图

太极仙人

　　尧时有个叫何侯的人，一心想长生不老，但全家三百多口人都以耕种为业。舜到南方打猎时，来到了何侯家，恰巧天帝五老降临，并对舜说："你升天的日期到了。"第二天，真有天帝五老下凡迎接，舜便白日升天而去。

　　夏禹的时候，天帝五老再次下凡，把一器皿药交给何侯，并告诉他将药放入酒中以备享用。一家三百多口人共饮那放过药的酒，怎么饮用还是用之不尽，饮之不竭，他们便将剩下的酒洒在房屋中，不料整个宅院一起冉冉上升，而何侯被列为太极仙人。后来，嶷山上建有何侯庙，位于舜庙的旁边。

百仙图

借尸还魂

八仙之一的铁拐李本名凝阳，相貌堂堂，体态魁梧，相传他很早就得道了。铁拐李住在真砀山的岩穴间修行时，太上老君和宛邱先生常常亲临，并传授道术给他，因此他得到了导神出游的秘诀。一天，铁拐李应太上老君之约前往华山，临行前他嘱咐徒弟说："我要去华山会会太上老君，我的魄留在这里。倘若七天后游魂不回来，你就把我的魄火化了。"

在师傅走后的第六天，那位徒弟的母亲得了急病，必须迅速回家，万般无奈之下，徒弟便忘了师傅的话而把师傅的魄给火化了。到了第七天，游魂如期返回，但却找不到自己的魄了。游魂只能四处飘荡，无处可依，情急之中，便附在了一个因饥饿而死在荒野的跛子身上，因此，相貌堂堂的李凝阳便成了蓬头跛足的铁拐李，其实这是张冠李戴、借尸还魂的结果，不是其本来面目。

铁拐李也为自己变了模样而苦恼，太上老君开导他说："凡人不可貌相，海水不可斗量。你当在质外寻求，不必过于计较形相。他日功行圆满，这是个异相素仙呢。"铁拐李听了太上老君的话，坚持修炼，终于功行圆满，列入仙班。

百仙图

以衣拭笏

孟岐是汉清河(今河北清河)一带遁世隐居的高人,他为寻师求学不避艰难险阻。汉武帝时,他已七百岁了,谈及西周初年的事情,清楚明白犹如就在眼前发生的一般。他时常说:"我曾看见周公旦怀抱成王,在周庙朝拜的情景。"

孟岐曾侍奉周公旦升登坛上,周公旦上坛以后,孟岐用手摩成王的足,为此周公将一柄玉笏送给孟岐,孟岐也视这玉笏为宝贝,时常拿在手中,还不停地拉起衣服的袖子拂拭它。玉笏本来有七分厚,因他不断拂拭,后来竟成了尖的,好像要折断似的。孟岐经常服食桂叶,出入于华阴山下,采摘捡拾长生之药。汉武帝一心慕道,追求长生不老,听说孟岐喜好神仙术,便下令召他入朝。孟岐身披草莱而往,武帝厚待之。后来孟岐便不知去向。

百仙图

弃官学道

彭祖钱铿是颛顼帝的玄孙,至殷商末年,已活了七百多岁,但一点也不显老。

彭祖自少年时就喜好恬淡清静,不爱理世间的事务,更不贪图名誉,只将养神治生视为大事而勤抓不放。殷王听说了他的事后,拜授他为大夫,但他以有病为借口,闲居家中,不参与政事。彭祖擅长采补和导引一类长生术,并时常服食水晶、云母粉、麋角一类不老药,所以虽活了几百岁却还是少年之容貌。

有个叫采女的人,亦自少修得道术,懂得养性的方法,已是二百七十岁了,看起来却像个五六十岁的样子。她生活在殷王宫中,住的是华屋紫阁,戴的是金银玉石,她奉王之命,乘着有帷幕的辎辌车前去向彭祖讨教如何养神治生、如何长生不老。采女掌握要领后如实传授给殷王,殷王试后,不但非常灵验,而且也有明显之效果。殷王欲独自享用彭祖之道术,于是下令诛杀所有传习彭祖道术的人,还想加害彭祖以断绝该术的流传。彭祖闻知此事后,离开了原来的居住之处,从此没有人能知道其下落。

百仙图

太公钓鱼

　　吕尚,即人们通常所说的姜太公,是辅佐周文王、周武王灭商的功臣。他生来就内心敏慧,能预知国家之祸乱存亡。商朝末年,吕尚躲避纣王之乱世,在辽东隐居了三十年。后来西行,又隐居在南山中。

　　吕尚在磻溪垂钓,前后三年不曾获得一条鱼儿。见此情景,有人劝道:"算了,不要再钓了。"吕尚回答说:"那你就不懂了。我没有钓上鱼儿,那说明时间还没到呢。"吕尚一如既往,垂钓不止,后来果然钓到了一条大鲤鱼。剖开鱼腹,里面竟藏有一部兵书。吕尚日常也服食泽芝、地衣、石髓之类仙药,所以活到二百岁才死去。等到人们安葬他时发现棺木特别轻,打开一看,里面没有尸体,只有《玉钤》六篇,人们这才知道他已成仙了。

百仙图

庐山仙石

匡续在南嶂山之虎溪修道时,有一少年多次前去拜访,言谈举止奇特怪异,匡续意识到这少年非同一般,便说:"目睹你的风采品格已经有些时日了,斗胆问一下你的乡里姓名。"少年答道:"我姓刘名越,住在前山的左边。山下有一巨石,高两丈多,叩击就有回应,欢迎您前往。"匡续如约拜访刘越,叩击巨石,巨石忽然自动开启,如门之双扉一般,有一孩童站在那里等着迎接匡续呢。朝里走了数十步,便是两个穿青色衣服的人,他们手持绛节在前引导。匡续慢慢行进着,眼前尽是琼楼台榭,金碧辉煌,珍禽奇兽,应有尽有。这时仙人刘越头戴玉冠、腰间佩玉、手中握剑也前来迎接匡续。二人攀谈一番后,匡续想留住些时日,刘越对他说:"你阴功尚未圆满,我们后会有期,以后我们住在一起也不晚。"说罢让匡续连饮三杯玉酒,接着叫他又喝了一口保命汤。匡续恋恋不舍地离去,走到门口时,叩击了一下巨石,巨石和当初来时一样自动开启。后来匡续再来巨石旁时,一再叩击也没有回应。时至明代,庐山太平兴国宫山门外,仍有石建亭,名曰仙石,石上尚有刘仙二字。

百仙图

立祠祭祀

匡续字君平,南楚人,号匡阜先生。匡续生性神灵,儿时便有超脱世俗之外的想法。周武王时,匡续拜老子为师,学得长生不老之术,结庐隐居于南嶂山的虎溪之上。所居室中没有别的杂物,只放置了一张床和几本书而已。武王多次召他入朝,他都没有前往。一天,有少年来访,自称姓刘名越,家住前山的左边,邀请匡续过去叙谈,并说:"我家就在前山那个两丈多高的大石处。"匡续后来如约前往,来到前山大石处,环顾四周没有人家,只有一巨石,于是举手叩之,巨石自动开启,如门之双扉一般。两个穿青色衣服的人手持绛节在前引导,带他走进石室。步入石室,眼前尽是琼楼玉宇。刘越于室中传授他仙术秘诀,由此他获得神仙道术,并炼金丹于其中。汉武帝元封元年(前110年)在南方巡狩,登上天柱祭祀,曾按等级望祭山川。后来又在浔阳的江中射蛟,封匡续为南极太明公,并命令在匡续隐居的虎溪立祠,将其列入祭祀仪礼的典籍中。

百仙图

骑羊入蜀

葛由,古时羌人,周成王在位时,他便刻木羊出售。一天,葛由骑着羊来到蜀中,蜀中的王侯贵人看他骑着羊漫游,觉得很好奇,便尾随其后,而葛由骑着羊登上了绥山。

绥山位于峨嵋山的西南,高峻险拔,难以登攀,蜀中贵人王侯尾随着葛由,也不知不觉地上了绥山,再都没有返回蜀中,一起修得仙道而成仙了。因此有谚语说:"若得绥山一眺,虽不得仙亦豪。"

百仙图

瞑目僵卧

彭宗字法先,彭城人。二十岁时,拜杜冲为师学道。曾跟随杜冲进山采药,不小心堕入深谷,手和脚都摔伤了,性命危在旦夕。不料,过了一会儿竟苏醒过来,其端严恭敬和当初一模一样,也没有留下伤残痕迹。杜冲又让彭宗上山打柴,彭宗不幸被蛇包围,但他面无丝毫恼怒之色。杜冲喜欢彭宗,便传授他五千文丹经和守一之道。他也不负师傅之苦心,勤修苦练。空中有数盏神灯,穿过高空照在他所坐的四周,其光可以三天三夜不灭;有时他卧在水底,但照样能感到日出。有时他瞑目僵卧,动辄一年不动,尘土落满他的身体,有一指薄厚,所有看到这一情景的人都以为他已死了,但他睁开双眼,站立起来,却比以前更年轻。

彭宗能一口气连着诵读两遍五千文丹经,山里的毒蛇猛兽不管如何凶恶,彭宗都能用气禁之,使其匍匐在地上一动不动。有一个打猎的人在远处与彭宗对骂互毁,等猎人来到彭宗门前而想凌辱彭宗时,彭宗用气禁之,结果猎人的手脚不知不觉却动弹不了,像一具僵尸立在那儿,直挺挺的。相传,周厉王十三年正月,太上老君派仙官下凡迎接彭宗上天,并授他太清真人,治理赤城宫。

百仙图

驾鹤吹笙

王子乔是周灵王朝的太子,擅长吹笙。他吹出的笙乐声如凤凰鸣叫一般。

王子乔喜欢云游,时常游历于伊洛之间,道士浮丘公遇见他后,将他接至嵩山。王子乔在嵩山一住就是三十多年。一天,他在山上与桓良相遇,并对桓良说:"你下山以后告诉我的家人,让他们七月七日到缑山的山顶等我。"到了七月七日那天,王子乔果然乘坐着白鹤停留在缑山的山顶,家人能望见他,但始终有段距离而不能相及。只见王子乔俯首抱拳向人们表示谢意,家人们眼睁睁看着他,却无法与他交谈。如此数日,王子乔便乘鹤离去。后来,人们为了纪念他,在缑山及嵩山都建立了祠堂,供人们祭祀。

百仙图

夫妻升天

沈羲是吴郡人,在蜀中学道,喜欢医术,一心治病救人,因功德圆满而感动了天神。周赧王十年,太上老君派天仙下凡召他,他便和妻子贾氏同乘牛车前往,被天神授为碧落侍郎,于是夫妻二人白日升天。当时人们正在田间耕作,只见大雾弥漫,大雾消失后,沈羲夫妇就不见了,只留下他们夫妇二人所乘坐的牛与车,而牛正在田间吃禾苗呢。有人将此事告诉了沈家,沈家数百弟子怕是邪魅,便打发数百人沿着牛车所去之方向分头去找沈羲和贾氏,但最终也没找到。

就在沈羲夫妇升天412年后的汉殇帝延平元年(106年),他们又回到了昔日在人间时的乡里,四处寻找,才求得十几世孙怀喜,怀喜说:"以前只是听上辈人说过远祖升天一事,果然远祖登仙了啊。"沈羲在家住了几日,谈及升天的经历道:"上天之初,未见天帝,只拜谒了太上老君。太上老君面东而坐,身高一丈有余,上下左右都在发光,人不能正视。老君命令玉女将盛有仙药的金盘玉杯端上来,并赐给我说:这是神丹,吃了就能长生不老。我们夫妇二人各自得到一刀圭,待我俩吃下之后,老君又赐我俩鸡蛋大小的两枚枣及符箓、仙方,然后令我们返回人间,治病救人。如果我俩想升天,只需将符箓悬挂在竹竿顶端就可以,到时便会有仙使前来迎接。"后来沈羲夫妇又升天而去了。

百仙图

垂钓得鲤

涓子是古时齐人，喜欢服食苍术。涓子经常服食苍术，很少吃五谷，以此来蓄养精气，所以前后三百年间，仍在齐地出没，并著有《天地人经》四十八篇。数年后，涓子在河边钓鱼，钓得一条鲤鱼，剖腹一看，里面藏有符箓。从此他便隐居岩山，学到了呼风唤雨之术。又得魏伯阳九仙法之真传。

淮南王刘安自小便喜欢道术，得到涓子的文章后，百看不得其解，惟独觉得《琴心》三篇尚有条理章法。

百仙图

乘鲤往来

琴高，古时赵人，精通音律，弹得一手好琴，被宋康王征召去授任为舍人。

琴高修炼道法，学习涓子、彭祖的仙术，在冀州与涿郡之间云游了二百多年。多年后的一天，琴高要潜入涿水抓取龙子，便与弟子约好返回的日期，并说："到时你们沐浴更衣，整洁身心，在涿水边虔诚祭祀，等着我返回吧。"转眼到了琴高约定的返回日期了，弟子们在涿水边设好祠堂，沐浴更衣、整洁身心后虔诚祭祀，恭候琴高师傅的返回。与此同时，一万多人也来到涿水边，等着观看琴高抓取龙子返回时的情景。约好的时间刚到，琴高果然乘着鲤鱼从水底浮出水面。在人间停留了一个多月后，琴高又潜水而去。

百仙图

吃花咽果

　　寇先,古时宋人,以捕鱼为业,居住在睢水边长达一百多年。寇先将所捕之鱼,有的拿到集市上卖掉,有的又放回水中,有的则吃了。他还喜爱种荔枝,采摘收集其绿白色的花和球形、卵形的果实,以供服食。宋景公听说寇先有道术,便向寇先请教,寇先就是不传不说,因此而惹怒了宋景公,宋景公便将他杀死了。

　　数年之后的一日,有人见寇先在宋国的都城外弹琴,前后持续了十多天,接着便不知去向。从此,宋国人家家户户都设坛祭祀寇先,祈求长生不老,日日平安。

百仙图

送药救人

从说话的音调上看,负局先生是燕代一带的人,他靠走街串乡而为人磨镜维持生计。他每次磨镜,都要问镜之主人是否有病痛疾苦,若有的话,便拿出紫丸赤药送给主人,不收分文报酬,病人吃后没有不痊愈的。

有一年发生了瘟疫,负局先生便挨门挨户送药给大家,因吃他送的药而保住性命的有一万多人,但他却不收取一丝一毫的财物。后来,负局先生来到吴山绝崖,时常将药挂在附近的岩石上,供有病的人拿取。后来,他告诉当地人说:"我打算回蓬莱山去,现在为你们留些神水以防病治病。这绝崖的顶端一旦有水,并且水色发白,慢慢顺着石崖向下流淌,你们就弄些饮下,准能治愈所患之疾病。"当地的人为纪念负局先生,立祠祭祀,香火不断。

百仙图

38

终身不仕

庄子，名周，宋国蒙（今河南商丘东北）人，做过蒙地的漆园吏，和梁惠王、齐宣王同时。庄子学识渊博，无所不知，但最崇尚和最精通的还是老子道家之学。曾著书六万余言，内容大都是寓言。

楚威王听说庄子贤明，派使者带上丰厚的钱财去迎接庄子，许诺拜他为相。庄子笑着对使者说："我听说楚国有神龟，已经死了三千年，楚王还将其包好藏在庙堂之上。要是作个龟，是死了留下骨架放在庙堂让人尊重好呢，还是活着隐居于污泥中好呢？"使者说："那当然是活着隐居于污泥中好呀。"庄子道："你回去吧，我要隐居于污泥中。"楚王又叫使者前去聘请庄子出仕，庄子对使者说："你见过太庙中的祭品全牛吗？活着的时候衣文绣、吃刍菽，一旦被牵入太庙作为祭品时，即使想成为一头普通的牛，哪能办得到呢？"庄子终身不仕，后来竟升仙而去。天帝封他为闱编郎，以记录诸仙的戒律、善行。

百仙图

40

观象预知

尹喜字公文，天水人。当初，他母亲大白天睡觉，梦见从天空极高处降下红色丝绸，将自身缠绕了一圈。待尹喜出生时，家中的空地上到处生出莲花。尹喜长大以后，眼睛与众不同，长有日精；身材修长，气质高雅，垂臂过膝，相貌堂堂，有仙人的风骨。

尹喜小时爱读圣贤之书，后擅长神仙导引之学和观察星象，并根据星体的明、昏及位置来占测人事的吉凶祸福。他修养德性，推行仁义，为人豁达大度，不重视俗礼，虽损自身以利万物，但始终不求闻达。周康王时，尹喜任大夫。一天，他仰首观看星象，见有紫气由东方向西方移动，得知有圣人要度函谷关而西去，于是毛遂自荐要作函谷关令。上任以后，他告诫关吏孙景："若有形体容颜特殊、不同俗人或者车子服饰与常人相异者，就不要叫过关。"不仅如此，他还注意观察星体变化，尾随紫气之行迹。周昭王二十三年七月十二日甲子，太上老君果然乘白舆、驾青牛，欲度函谷关。关吏孙景报告尹喜有奇人过关，尹喜喜出望外道："我今天终于能见到圣人了！"随即穿好官服去迎接，跪下叩头邀请老君在函谷关留些时日。老君顺便在函谷关住了一百多天，尹喜因此得内外修炼真传，进而飞腾升空，参侍天帝。

百仙图

42

专心好道

宋伦字玄德,洛阳人,专心好道,服食黄精草二十余年。周厉王时,太上老君传授通真经和丹符给宋伦,宋伦视经为宝,刻苦修行,终于得以自然通感。周王派六个童子轮换着侍奉宋伦,所以他身边时时有童相伴。

宋伦能知道未来的事情,预测吉凶祸福,没有不灵验的。还可以冉冉飞升,涉水历险,日行三千里,与神仙同游。有时还能化为鸟兽,试探人的心意真假。一个猎手在后边追赶宋伦,看上去只相距通常的五十步到一百步,但无论怎么追赶就是追赶不上;一位擅长射箭的人用箭去射宋伦,使出了所有高招,还是射不中。据说,宋伦与患病的人同床共寝,患病的人便会不治自愈。周宣王三十二年,宋伦已经九十多岁了,天帝派仙官下凡迎接宋伦,并授他为太清真人,掌管中岳。

百仙图

乘马吐云

玉子姓章名震，南郡人。少时博学众经，周幽王召他入朝做官，他坚持不去，并感叹说："人们只是贪图荣华富贵，却不知修心养性，性命没了、精气断了，即使贵为王侯将相，金银财宝堆积如山，又有什么用呢？唯独修道学仙，才可以长生不老啊。"于是拜长桑子为师，学习各种道术。

玉子著有道书一百余篇，提倡以务魁术为本。他尤其精通阴阳五行理论，既能随时兴起风云雷雨雾电一类自然现象，使房屋倒塌、树木折断；又能用草芥瓦石一类常见东西点化六畜和龙、虎，并随即自如行动；还可以分形为成百上千的人，涉江河、过险阻。有时玉子闭气休息，人们抬他不动、推他不移、屈不能直、直不能屈，如此僵尸般数十天，起来之后仍如当初。他时常和徒弟们出游，每次分给众徒弟用泥土作成的马一匹，然后令他们闭上眼睛，转眼间，徒弟们各自都乘着马，日行千里。玉子还能口吐五色云气，可以高达数丈。

玉子行至原野，看见有鸟飞过，举手一指，飞鸟便坠落下来；他行至水边，向水中投一召鱼鳖的符，鱼鳖便自己投岸而来。玉子在务魁术时，将盛水的器皿放在两魁之间，然后用嘴吹气，水马上会冒红光，据说这水可以治百病，体内有病饮之即愈，体外有伤洗之即好。后来，玉子入崆峒山炼丹，丹成而白日升天。

百仙图

好酒恒醉

太阳子姓离名明,是玉子的朋友。玉子学道成功之后,太阳子便侍奉玉子,以尽徒弟之礼,不敢有丝毫懈怠,玉子也特别亲近他。然而太阳子喜欢饮酒,并且一饮就醉,所以玉子常因此而责备他。

太阳子擅长五行之道,虽然鬓发已经花白,但肌肤依旧丰满润滑,面放光彩,如此三百多年,都没有改变。玉子曾对太阳子说:"你应当修身养性才对,以便成为众多贤明者的师傅。整天昏迷大醉,不修功业,不炼金丹,即使活上一千岁,也难免一死,况且你现在才几百岁!一般人都不饮酒,更何况那些通达事理的人呢?"太阳子将玉子师傅的劝告记在心中,后修成七宝树之术,而且深得其精华,最终服食金丹而成仙。因他在人世间活了五百多年,又时常饮酒,所以成仙之后仍面如孩童而须鬓皓白。

百仙图

当道沽酒

　　太阴女姓卢名全,天性聪明通达,智慧过人。太阴女喜欢玉子的道术,虽得其方法,但不能领会其精深微妙之旨。她苦恼没有明师指点,于是在大路上开店卖酒,实际是秘密寻求贤人。几年下来,没有遇到一个胜过自己的人。一天,太阳子恰巧路过这里,他也进店饮酒,见太阴女礼节恭敬、言词高雅,便长叹一声道:"你行白虎朱雀,我行青龙玄武,天下悠悠,谁为知己。"太阴女听道此言,喜形于色,叫妹妹上前问客官土数为几。太阳子回答说:"土数为几我不知道,但我明白南三、北五、东九、西七、中一。"妹妹返回报告太阴女说:"这客官是个大贤者,为最高的道德之人。我才问他一,便能知道五啊。"于是太阴女将太阳子请进道室,并摆上佳肴珍果让他享用,随后二人各自陈述修道经历,交谈完了,太阳子说:"你我共同侍奉天帝之朝,一起饮用神光之水,学习玉子的务魁术,并身怀五行之宝。唯贤是亲嘛,怎能吝惜呢?"于是便将道术的要领和炼丹的方法传授给了太阴女。太阴女精诚炼丹,金丹炼成,服之升仙,当时她已二百岁,但容颜还和少女一样青春美丽。

百仙图

举手一指

　　太玄女姓颛名和,年轻时就死了丈夫。一个会相面术的人看了太玄女母子说,这母子不会长寿。从此太玄女立志学道,得玉子道术的秘诀,可以做到进入水中而衣服不湿。隆冬之际,太玄女身穿单衣卧于冰上而脸色不变,而且身体温暖,能持续多日。她举手一指可以将官府、宫殿、城市、房屋等建筑物移至别处,看起来无丝毫异样,再举手一指,便回到原来所在之地。她那手指确实功力无边,指锁而锁开、指山而山崩、指树而树死,当再一次举手指时,一切又恢复原状。一次,太玄女和弟子们在山谷间游玩,天色已晚,四处没有人家,她便用手中的拐杖扣击山石,山石随即启开,里面有门有户。进入其中,房屋、床桌、帷帐、厨柜、吃的、喝的应有尽有,即使走上万里路程,这些都没变化。她还能使小物品顷刻间变成山岳一般巨大,使大物品顷刻间变成毫芒一般细小。老翁、幼儿、车马,没有她变不了的。她有三十六术,个个神奇无比,起死回生也有无数次。人们没见过太玄女修道、炼丹、服药,但相貌却越来越年轻,鬓发如乌云,后来白日升天而去。

百仙图

呼鸡有方

祝鸡翁,古时洛阳人,居住在尸乡北山下。他擅长养鸡,据说他前后养鸡百余年,有鸡千余群,并且各有其名。晚上千余群鸡栖止在树上,白天散放于各处,想召鸡群前来,只要呼其名,鸡群就会按所呼顺序而至。祝鸡翁卖鸡、卖鸡子共得钱一千余万,将其放置原地后便远走他乡。

后来祝鸡翁来到吴地,开挖鱼池而养鱼,数年之后,飞升吴山而成仙,数以百计的白鹤、孔雀时常停留在他的周围。唐代诗人杜甫有感祝鸡翁其人其事,在《奉寄河南韦尹丈人》诗中说:"尸乡余土室,难说祝鸡翁。"

百仙图

避祸成仙

汉恂大和尹子虚一起游历于嵩岳与华山之间,在一棵松树下遇上了古丈夫,与古丈夫并肩而坐的是一个全身长毛的女子,于是恂大和尹子虚道:"神仙您为什么会来到这里呢?"古丈夫说:"我本来是秦始皇的役夫,她是秦宫中的宫女,叫毛玉姜。我俩都是为秦始皇殉葬的人选,为了躲避葬身于骊山秦始皇坟墓中的祸难,便逃了出来,隐名埋姓藏身于此。请问二位,如今是什么年月了?"恂大和尹子虚答道:"已是汉朝皇帝统治天下了。我们二位有幸遇上大仙您,情愿求些金丹、仙药之类。"古丈夫说:"我本是凡人,因避祸藏身山中而没啥可吃,起初靠吃柏子活命,以后又服食松脂,天长日久,便身体轻盈,升于空际,而且毛发也发了绀青色,不知道金丹、仙药为何物。"

毛女时常住在华阴山中,世世代代出入山中的樵夫和猎手都曾见过她,她全身长毛,也自言是秦始皇的宫人。在山中靠吃松叶度日,后来便不觉得饥寒,而且身轻如飞。

百仙图

圯上老人

相传,秦末张良刺杀秦始皇失败后,逃亡到下邳(今江苏睢宁北),在下邳城东南的小沂水的圯(桥)上,遇到了一位老人,当时老人身穿粗布衣,待张良走近他,便故意将脚上的鞋子丢到桥下,然后屈膝张足而坐,叫张良下去为他拾取鞋子。张良从容不迫,拾回鞋子为老人穿上。老人高兴地说:"孺子可教也!"随即送给张良一本书,即《太公兵法》,并且还对张良说:"再过十三年,齐北谷城山下黄石就是我。"后来张良辅佐汉高祖成功,被汉高祖封为留侯。因随从高祖巡行而来到谷城山,果然于山下获得黄石。张良便请求高祖为之立祠,以祭祀圯上老人,即黄石公。

相传张良死后,与黄石并葬,而后世流传有兵书《黄石公三略》三卷。

百仙图

检视仙籍

　　控鹤仙人名属仁，是天台元虚老君的第七个儿子。他曾驾驭着仙鹤而来到武夷山，亲自考核订正仙人的名籍。一天魏王子骞等人正在龙潭上祈祷，乞求降雨，而控鹤仙人恰好路过这里，魏王子骞便和张湛等十二人借机拜见。控鹤仙人见魏王子骞等人丰采不凡、骨相异常，就私下派侍从何凤儿到天台去取仙人的名籍，检查一番，看有没有他们这些人。何凤儿拿来名籍一看，果然子骞、张湛等十几人亦在名籍之中。于是控鹤仙人便赐给子骞等胡麻饭、九品丹书等物。

　　控鹤仙人本已功业圆满，但因他饮酒过度，被谪居到了武夷山，据说必须经过八百年时光，才能脱骨仙化，成为天仙。

百仙图

乘龙升天

茅濛字初成，先秦时咸阳（今陕西咸阳）人，学识渊博而深刻透彻，知道周朝将要灭亡，不求出仕做官，时常感叹说：人生若流云闪电一般短暂，为什么还要迷恋尘世呢！于是拜鬼谷先生为师，跟着学习长生不老之术。后来又入华山修道炼丹。秦始皇三十年九月庚子，茅濛得道，乘龙白日升天。就在他升天之前，乡里便有歌谣唱道："神仙得者茅初成，驾龙上升入太清，时下玄州戏赤城，继业而往在我盈，帝若学之腊嘉平。"秦始皇也闻知此歌谣，待茅濛乘龙升天而去之后，感悟这事，因而下令改腊为嘉平。

茅濛的玄孙叫茅盈、茅固、茅衷，三人曾隐居茅山修道，皆功业圆满而升天成仙。

百仙图

吹箫引凤

萧史是秦穆公时人。据说,萧史的父亲萧钦、母亲王氏都信奉道教,济世利人,而且家境富裕,乐善好施,太上老君曾降临其家。萧史也天生不凡,诞生那天,彩云满天,祥光照室,遍地芬芳。

萧史擅长吹箫,他的箫声清幽深远,婉转悠扬。一曲吹罢,清风便徐徐而来;再吹一曲,空中便满是彩云;吹完第三支曲时,孔雀、白鹤便翩翩飞翔,集于庭院。秦穆公有一女,名弄玉,长得如同仙女一般,亦善吹箫。由于秦穆公喜欢萧史能文善言和超人的吹箫才能,便将爱女弄玉嫁给了萧史。弄玉跟着萧史学吹箫,萧史便整日教弄玉作凤鸣声,几年功夫,弄玉吹出的箫声如凤鸣一般,并且常常能招来凤凰,集于屋顶。秦穆公因此而为萧史弄玉夫妻建造了一个凤台,让他们居于其上。数年后的一天,有赤龙彩凤来到凤台,萧史乘龙、弄玉跨凤双双飞天仙去。

百仙图

双凤腾跃

蔡女仙是古时襄阳(今湖北襄樊)人,自幼心灵手巧,聪慧过人。蔡女仙擅长刺绣,邻里的人都称赞她能干、乖巧、勤快。一天,突然有位老翁来到她家门前,请她绣上一对凤儿,老翁还声称:等到绣成双凤之日,他将亲自前来指导。不久,蔡女仙就绣好了双凤,只见那双凤五色斑斓,充满生机。而老翁果然于竣工这天前来观看了,他指示着蔡女仙为双凤安上眼睛。蔡女仙飞针走线,一会儿便为双凤绣上了眼睛。顷刻间绣成的双凤腾跃飞舞,老翁和蔡女仙随即各乘一凤升天而去。

据说,老翁和蔡女仙乘凤升空时,中途曾降在襄阳南山林木上稍稍停留,所以当时人就称此地为凤林山,后来,人们就在这里置了个凤林关。而南山的旁边便是凤台。晋朝时,当地人还把蔡女仙住过的宅院改建为静贞观,里面存有蔡女仙的画像,以示纪念。

百仙图

白石为粮

白石生是中黄丈人的弟子,到彭祖时,已有两千多岁了。

白石生喜欢人间之乐,所以他不修升天之道,而以长生为贵。他时常以交接之道为主,以金液之药为上。白石生起初很穷,没钱买长生的金液之药,于是养猪牧羊,十多年功夫,便有万金资产,这才开始大量购买金液之药服食,并且经常以白石当粮煮着吃。为了采石方便,还住在了白石山,所以当时人称他"白石先生"。

白石生除服药、吃石外,也饮酒吃肉,还吃些谷物之类。他能日行三四百里,虽已几千岁,但看起来像三四十岁。有人问他为何不升天为仙,他回答得极为干脆:"天上未必比人间快乐有趣,况且天上至尊之神颇多,都得侍奉周到,会比人间更苦的。"

百仙图

68

闭目不睁

涉正字玄真，古时巴东(今四川奉节东)人。汉朝末年，涉正谈起秦始皇时的事情，其清楚如亲身经历一般。他和跟随身边的二十个弟子由西向东而去吴地，一路上紧闭双眼而不睁，即使走路也是如此。弟子们随他周围二十年，从来没见过他睁开眼睛是什么样子。有个弟子欲看个究竟，坚持请他将眼睁开，他实在不得已，便睁开了长期紧闭的双眼。就在他睁眼的那一刹那间，有声如震雷在晴空炸响，有光如火电黑夜闪烁，弟子们不自觉地伏在了地上，好久以后才站立起来，当他们再看涉正时，涉正又恢复旧貌，闭上了双目。后来涉正修道成功，升天仙去。他还把如何休息、如何饮食的方法全部传授给了弟子，所以弟子们都有道术，或闭气、或房中术、或服食石脑小丹，皆自成一绝。涉正到底有多大岁数人们虽不尽知，但从李八百称他为四百岁儿可知他也是个长生不老之人。

百仙图

书玉回报

　　安期生又称安期子、安期,是秦汉间琅琊阜乡(今山东胶南琅邪)人。传说他曾随从黄帝、老子学习,后在东海边靠卖药为生,当时人叫他千岁公。秦始皇东游,与安期生相遇,二人在一起交谈了三天三夜,谈完之后,秦始皇赏赐给安期生数以万计的金银璧玉和布帛。安期生没有接受,将其放置在阜乡亭后离去,并留下书简一枚和赤玉舄一双作为回报,书简上面写道:"一千年后,求我于蓬莱山下。"蓬莱山是有名的神山,其仙境秦始皇早有耳闻,于是一次次派使者入海去求安期生,但一次次未及蓬莱山便遇风浪而返回,最终也未能如愿。于是下令在阜乡亭及海边十多处立祠,以祭祀安期生这位仙人。

百仙图

三茅真君

茅盈是咸阳人,生于汉景帝中元五年(前145年)。他少时就与常人的志向不同,喜欢清静,十八岁便弃家入恒山修道,曾西至龟山,见过西王母,得太极玄真经之真传。

茅盈四十九岁时仍在恒山北谷修道,当时他的父母健在。父亲怒他长期远游,要举棍打他。因茅盈已学道成功,有天兵侍卫,所以父亲打他时,棍子竟折成数段。父母方知茅盈已学道成功。

茅盈有两个弟弟:茅固和茅衷,二人贵为太守,在他们上任前,地方官绅纷纷前来祝贺饯行,当时茅盈也在坐,他笑着对宾客们说:"我虽不做太守,但来年四月三日,各位也来送我升登仙职,希望场面不比今日逊色吧。"

到了第二年四月三日,茅家门前数顷之地忽然平坦洁净,没有一寸杂草,地下铺有白色毛毡,其宽阔可容纳数百人。宾客们如期而至,宴会开始,不见一个侍从,但金盘玉杯、美酒佳肴、奇珍异果自至桌上。还有丝竹弦乐伴奏,浓郁的兰香味可达数里之外。不一会,迎接茅盈的仙人全来了,朱衣玉带者有数百人,旌旗甲仗,光彩耀日。茅盈与家人及亲友辞别后登车乘云冉冉仙去。当时二位弟弟正在任上,听说兄长白日升天为仙后,皆弃官求兄于东山。后来茅固、茅衷亦成仙,居于茅山,人称三茅真君。

百仙图

胁上题字

　　修羊公是三国时魏人。华阴山的石室中有个悬在空中的石榻,修羊公上去一躺,石榻便穿孔陷下,但修羊公本人却照旧卧着,几乎没有变动。

　　修羊公时常服食黄精草,汉景帝听说他有道术,不但特别尊重,而且礼遇有加,曾请他入宫,住在王府官邸。汉景帝修道多年,始终没有成效,于是下诏向修羊公求救:"你什么时日开口说话呢?"修羊公看到诏书,忽然化为一只白石羊,色白如玉,晶莹透亮,石羊的肋上题写有字,上面写道:"修羊公,谢天子。"无奈之下,汉景帝令人将石羊放在了通灵台。不久,石羊不知去向。

百仙图

鸡犬升天

淮南王刘安是汉高祖刘邦的孙子,喜好儒学方技,著有《内书》二十一篇、《外书》三十三篇。刘安敬贤好士,苏非、李尚、左吴、田由、雷被、毛被、伍被、晋昌等八公闻知后,一起登门造访,门吏有意刁难而不向刘安通报,八公一番口舌后,须臾之间化为十五六岁的童子,个个露髻青鬓,面如桃花。门吏惊恐不已,急忙进去通报。刘安一听来人这般神奇,也来不及穿鞋,赤脚跑出迎接。然后让八公坐在思仙台上,自己穿上弟子的鞋,北面拱手向八公讨教,请八公先试着施展一下道术。这八公功力非凡,或呼风唤雨、画地为江河、撮土为山丘,或崩高山填深渊、牧虎豹驾龙蛇、役使鬼神,或分形体易容貌、顷刻消失、隐蔽三军,或入火不焦、入水不湿、刀刃不伤、箭射不中,或煎泥成金、煅铅为银,水炼石头而飞腾出珠玉,或隆冬不寒、暑夏不热。八公演示完毕,随即授给刘安丹经及三十六水银等方,刘安得此之后,勤修苦练不已。

数年后,有人告刘安谋反,皇上派人持节前往刘安处探其虚实,八公告诉刘安说:"可以去了,这是天帝召唤你呢,请王不要犹豫。"于是和刘安一起登山祭祀,掘地埋金,事罢之后,突然白日升天而去。八公和刘安所踏过的石头皆下陷,他们丢下的药鼎,鸡犬舔了一下,便身轻而腾空飞起,一时间,鸡在空中啼鸣,狗在天上吠叫,皆升天而去。

百仙图

青鸟为伴

缑仙姑是长沙人,在衡山学道,八十多岁时,容颜还像个少女,孑然一人没伴侣,居住在南岳魏夫人仙坛。坛旁常有老虎出没,所以来这里的人都手持兵器,成群结队而行,但缑仙姑独自隐居其间,不曾有一点恐惧之色。

几年后的一日,忽然从远处飞来一只青鸟,红顶长尾,自言自语道:"我是南岳夫人派来的,南岳夫人念仙姑您修道精勤刻苦,却独自一人栖居在深山老林中,命令我前来给您作伴。"从此之后,每每有人进山游玩,青鸟就向缑仙姑预告其姓氏大名。有一天,青鸟对缑仙姑说:"今晚有强盗前来,仙姑您不要害怕。"晚上果然来了一群僧人,手执火把和兵器,想毁坏仙坛、加害仙姑,此时仙姑就在床上,但僧人看不见。于是他们动手摧垮仙坛,只听见山震谷裂的巨响,他们以为仙坛已毁不存了,便相率离去,而事实却是丝毫未动。等到天亮,有进山的人说,那群僧人已被老虎吃掉了。

后来缑仙姑徙居湖南,青鸟也随之前往,与其为伴。据传缑仙姑后来又隐居九嶷山,下落不明。

百仙图

孝子别母

汉代郴地的苏耽，是个出了名的大孝子。他曾经遇上过一个神人，传授他神仙之术。

苏耽日日侍奉母亲，一天母亲想吃腌鱼，他便到集市上买回而进献，母亲问他是从何处买的，他说："便县。"因便县距他家十分遥远，所以母亲觉得有些奇异。数年后的一日，苏耽忽然洒扫门庭，母亲问他其中缘故，答道："儿已修成仙道，天神将来召我。"母亲面有难色地说："你升天仙去，谁来养活我呢？"苏耽顺手指着旁边的柜子说："您所需要的那里面都有。"并说："明年会有瘟疫，您用门庭前的井水和橘叶救大家吧。"说罢便升天而去。

第二年果然发生了瘟疫，苏耽的母亲按苏耽说的吃橘叶、饮井水的方法救治了百余人。后来苏耽化为仙鹤来到郡城的东北楼，当时有人用弹弓弹击他，他便用爪子抓起楼板，楼板上有一行黑字："城郭是，人民非，三百甲子一来归。吾是苏耽，弹我何为！"

百仙图

绝岩下棋

卫叔卿是汉中山(今河北定县一带)人,服食云母而得道成仙。一日,汉武帝闲居大殿之上,忽然看见一个人乘云车、驾白鹿从天而降,这人有三十岁左右,但颜色像个孩童,身穿羽衣、头戴星冠。武帝一见非常吃惊,顺口问道:"你是谁?"来人答曰:"我是中山卫叔卿。"武帝说:"你若是中山人,那就是朕的臣民,是否可以上前共同交谈一会儿。"卫叔卿早就听说武帝喜好道术,所以心想武帝见了自己一定会以礼相待,没料到武帝竟然说是他的臣民,因此大失所望,默不作答,随即又消失得无影无踪。武帝特别悔恨,立即派柏梁出使中山,去求见卫叔卿的儿子度世,叫他去华山寻找父亲卫叔卿。

度世来到华山顶端,又跑到绝岩之下,远远望见了父亲正在和几个人下棋呢,四周紫云郁郁,还有张白色玉床,几个童子手持幢节站在他们身后。叔卿问度世:"你来这里干什么?"度世答道:"武帝悔恨前日太仓促,没能与您说话,所以派我和柏梁前来,请您入朝一趟。"叔卿说:"上次是太上老君派我告诉武帝灾难之期和救厄之法的,他不识真道,反说我是他的臣民,如此之人不足与语,故离他而去。"度世问叔卿是和谁在对弈,叔卿说:"洪崖先生、许由、巢父、王子晋。"并说:"我有仙方,埋在家里的柱子下。"度世回家掘之,果得一玉函,上面盖有飞仙之印,打开一看,竟是五色云母。度世将其服下,亦升天仙去。

百仙图

坐于龟上

黄安是代郡(治所在今河北蔚县西南)人。他活了一万多岁,但容颜仍和孩童一样红润。

黄安时常服食硃砂,所以全身上下全是赤红颜色,不用穿衣戴帽。他时常坐在一头神龟背上,那神龟方圆有三尺大小。当时人问黄安在神龟背上坐了多少年了,黄安答道:"这神龟三千年才将头伸出一次,自我坐上以后,头已经伸出过五次了。"

黄安要行走时,便将神龟背在身后,停下来了,就坐于其上,世人都说黄安活了一万岁了。汉武帝听说了黄安的故事,觉得非常神奇,于是常和黄安在一起讨论虚无神仙之事,而且每次都很敬重黄安。等到要去泰山祭祀时,下诏叫董谒、李充、孟岐、郭琼、黄安五人也去泰山,并与他们五人同坐一个车子,人们称这五位为"五仙臣"。武帝崩逝以后,黄安离开了朝廷所在之地,后来不知去向。

百仙图

知人隐事

　　郭琼是汉东海郡(今山东)人,形态容貌长得丑陋,但预测算计超过凡人。他经常手扶拐杖四处游行,每每寄居别人家中,便向主人讨些柴火自己点燃照亮,彻夜读书也不休息。主人家中的秘方谶书藏在柜中锁得严严实实,而且包裹得密而不露,但郭琼都能知道其中究竟,如同亲眼全部看过一般,因此,人们没有不佩服他神奇的。也正是这样,人们一听郭琼要前来投宿,就将门窗关好,惟恐郭琼打探出自家的秘密之事来。郭琼每到一家,便从衣袖中取出一把算盘,放在膝前的地上,拨弄两下,这家的一切秘而不宣的隐事他就知道得一清二楚了。
　　郭琼有时白天睡觉,但从来不闭双目。他走路既没有任何声响,也没有任何踪影,他不穿上衣,袒胸露背如狂人一般。汉武帝见过郭琼之后,特别敬重,还经常召他到宫中谈天。

百仙图

伐薪施人

焦先字孝然,河东(今山西)人,既无父母,又无兄弟,依靠服食白石,活到一百七十岁,还天天进山砍柴,又将所砍之柴送给别人,先从村头第一家送起,依次排列地送下去,然后周而复始。他把柴放在所送之家门外,这家人见了,就给他端来吃的食物,他便吃掉食物,不吭一声;若家里没人,他便把柴放在门口,随后离去,绝不和人说一句话。三国魏时,他在河边结草为庵,独自居住。无论冬夏,皆穿着单衣,身上的污垢如泥,数日才吃一次饭,有时看起来年老,有时看起来年少。太守董经前去拜访他,他也不说一句话。魏国发兵攻打吴国时,有人叫他预测胜败,仍是默不作声,于是人们谣传说他曾唱道:"祝甀祝甀,非鱼非肉,更相追逐。本为杀羘羊,更杀羖䍽。"结果魏国的军队失败,人们附会他的歌词,以为羘羊指吴国,羖䍽指魏国。

一天,焦先所住的草庵燃起大火,人们前去看他,只见他正襟危坐于庵下,一动也不动,大火过后,草庵化为灰烬,他这才慢慢站起,但身上的衣服却没有丝毫焦灼的痕迹。他再次结草为庵而居时,遇到天下大雪,草庵被压倒,人们以为他已冻死,于是拆庵寻找僵尸,不料他卧睡雪下,面色红润,气息均匀,如醉卧之状。又过了二百多年,他辞别人们去云游,谁也不知他去了何处。

百仙图

噀酒灭火

栾巴,蜀郡成都(今四川成都)人,少时好道,不修俗事。太守亲自请他出任功曹,并以师友之礼款待他。栾巴如约前往,太守说:"听说你有道术,演示一番让我见识见识。"栾巴答应了,随即端坐在厅中,转眼间有冉冉云气进入厅之墙壁,而厅中却无栾巴的踪影了。在墙壁外的人突然看见了一只老虎,非常吃惊,眼看着老虎向功曹舍跑去。待人们来到功曹舍,根本不见什么老虎,只有栾巴而已。

后来,栾巴应举孝廉,被任命为郎中,迁任豫章太守。他斩魔降妖,治病救人,深得百姓之心。后被征召入朝,任尚书郎。有年正月朔日,百官入朝朝见皇帝。皇帝赏赐,让百官饮酒。栾巴捧起酒杯先是仰头环视一周,然后将酒含在口中,面向西南朝空中喷出。有关部门的官吏因此而上奏弹劾栾巴,说他不尊敬皇帝、蔑视朝廷。栾巴向皇帝谢罪说:"臣家乡的县城东发生了火灾,所以才将所赐酒含在口中而喷出,目的是为了救火,不敢不尊敬皇帝您啊。"数日之后,成都方面果然有奏,奏称正月朔日发生了火灾,正巧从东北方向来了一场暴雨,大火随之熄灭,而雨中带有浓浓的酒气。过了数年之后,一日,大白天突然昏暗不堪,暴风雨突起,栾巴从此不知去向。

百仙图

双双驾鹿

　　毛伯道、刘道恭、谢稚坚、张兆期，都是东汉时人，他们一行四人同入王屋山，在那里学道四十余年之久，携手共炼神仙金丹。金丹炼成之后，伯道第一个服食，不幸即刻死亡；道恭随后也吞下金丹，结果也以死告终。稚坚和兆期见此情景，不敢服食金丹了，并将其丢弃掉而返回乡里。就在稚坚和兆期还未走出大山时，远远看见伯道、道恭二人，各自骑着白鹿，并驾齐驱于山之顶端，仙人们手持节幢跟随他们身后。稚坚和兆期悲喜交加，急忙向伯道、道恭连连悔罪，并且千谢万谢。道恭和伯道念其曾一同修道炼丹四十余年，便向他俩传授了服食茯苓的神仙妙方，稚坚与兆期视之为宝，坚持不懈地服食修炼，后来也脱骨为仙，升天而去。

百仙图

乘鸾飞升

梅福字子真,寿春(今安徽寿春)人,任南昌尉。他目睹王莽专权的弊端,觉得无能为力,于是丢弃家室,学道求仙,云游于雁荡、南闽群山之中。

梅福游至仙霞山时,遇上了空同仙君,空同仙君给他传授了内外丹法。后来他又入鸡笼山修道炼丹,多年不见成效,又来到剑江西岭,在此又巧遇空同仙君自云中徐徐降下。空同仙君对梅福说:"你修道炼丹的缘份在飞鸿山。"梅福突然醒悟,遂前往飞鸿山,并于此结庵修炼。金丹炼就后,速整行装返回原籍寿春。一日,忽然紫雾浮空,云中奏乐,金童玉女手捧天帝诏书,驾着鸾鸟从天而降。梅福向诏书叩拜,然后与家人辞别,也驾着青色鸾鸟飞向天空。史书上也说,梅福知道王莽一定会篡夺汉朝大权,一天突然丢下妻子而去,不知去向。后来有人在会稽看见梅福,却已改变姓名为吴门市卒。明时会稽城中有吴门市,据传,那就是梅福以前隐居的地方。宋神宗元丰年间(1078～1085年),下诏封梅福为寿春真人。

百仙图

稳坐火中

姚光,人们不知其为哪里人、干什么事的。据说,姚光身藏神仙之灵丹,能分身散影,人们看他坐得好好的,霎时便没了踪影,而且还是火烧不焦、刀砍不伤的奇人。

吴主听说姚光是神奇之人,想亲自试验一番,于是聚集了数千束干柴,让姚光坐在干柴之上,然后从四面八方点燃干柴,顿时浓烟滚滚,火焰遮天蔽日,前来观看的人围得水泄不通,都说这下姚光肯定成为灰烬了。大火渐渐熄灭,姚光在灰烬中一边抖动着衣服一边起身站立,神态容颜安逸自然,他手中还拿着一卷书简,吴主要过书简,百读不得其解。后来,姚光便不知去向,而到唐高祖武德年间(618～626年),有人又看到了姚光。

百仙图

虞生

服丹仙去

　　魏伯阳是吴人,本为高门之子,但生性喜好道术,不愿出仕做官,领着三个弟子到深山中边修道边炼丹。其中两个弟子心不尽诚,所以金丹炼成后,魏伯阳有意对弟子说:"金丹是炼好了,还得让狗吃了试试。若狗吃了没事,我们才能吞服。"据说在一般情况下,炼丹数转不足、和合不匀是会有毒的,吞服之后人会暂时死去。狗吃了魏伯阳的金丹后当即丧命,魏伯阳便趁势说:"金丹未成,现在狗也死了,可能是不得神明之意吧!我们吞服的结果会和狗的结局一样,怎么办?"弟子问魏伯阳是否吞服,魏伯阳道:"我违背了世人之路,抛家进山学道炼丹。如今不得仙道,也无脸面回家。对我而言,死生一样!"说罢吞下金丹,当即丧命。一个叫虞生的弟子想道:"师傅不是凡人,吞服金丹而死,自有其中道理。"所以也服下金丹而倒地死了。那两个弟子见状便异口同声道:"修道炼丹是为了长生不老,如今吞服金丹即死,不如不吞服了,尚且还能活上数十年。"于是决定一同出山,去求两具棺木,把师傅、师兄安葬。待二弟子走后,魏伯阳迅速起身,将炼成的妙丹分别塞入虞生和狗的口中,不一会儿虞生和狗都活了过来。随后魏伯阳带着弟子和狗一块仙去了,并写了封信给那两位弟子,那二人见信后懊恼不已。

百仙图

采药迷路

刘晨是剡县（治所在今浙江嵊县西南）人。汉朝末年，与同乡人阮肇进天台山采药，找不见回家的路了。在山中转了十三天，饥渴难忍，偶然望见山上有桃树，并结着桃子，于是二人便上山采摘以充饥。吃罢桃子，立即不饿了，就想下山到山涧找水喝，刚到山涧，便看见一个杯子顺水流出，里面盛有胡麻饭。二人喜出望外，异口同声说："近处一定有人家啊。"于是越过一座山，看见了一条大的溪流。溪流旁站着两个女子，美丽动人，她俩望见刘晨与阮肇手捧杯子，相互一笑道："刘、阮二郎捧杯来也！"刘、阮觉得奇怪，还未搭话，那两个女子就像见到老朋友一样喜笑颜开地说："为什么来得这么晚。"说罢便将刘、阮邀到家中。这家华丽富贵无比，垂着罗帷绛帐，帐角悬有铃铛，帐上金银交错，雍容华贵，旁边站着侍女。一会儿，胡麻饭、山羊脯、牛肉等摆了一桌，色味俱佳。饭后接着便是饮酒作乐，半夜时分刘晨与阮肇各就一帐休息。

到了第十天，刘、阮二人要求返回，两个女子强留，只好又待了半年。这里虽然气候如春，草木常青，但刘、阮二人归心似箭，女子说："看来二位罪根未灭，所以才这般情形。"于是送刘、阮出山，并指明了回家道路。刘、阮回到乡里，乡里已是四处零落，据说七世都过去了。二人再到山中去找那两个女子家，到处寻觅也没结果。晋太康八年（287年），刘、阮二人不知去向。

百仙图

102

以谷换杏

　　董奉字君异,汉末侯官(治所在今福建福州)人,有道术,不仅能旱时唤雨,还可以起死回生、医治百病。

　　董奉住在山中,念咒取水给人治病,从不收取钱物,只规定重病治愈后在山上栽五株杏树,轻病治愈后在山上栽一株杏树。如此数年之后,山上有杏树七万余株,郁郁葱葱,竟成一片杏林。山中百虫群兽游戏于杏林里,树下也不生杂草,如有人耕耘过一般。杏子成熟时,董奉就在杏林建一竹制圆仓,并告诉人们:"想买杏者,不必前来说明,自己去拿即可。但要给仓中放一器谷物,然后取一器杏子。"每当放入的谷物少而取走的杏子多时,就有老虎尾随其后而追之,直到多取的杏子掉在地上后,老虎才调头返回。有人偷了杏子,回到家中必死无疑,其家人若速将偷回的杏子送还,再叩头谢罪,死者又可复活。由于这个缘故,所以凡是去杏林买杏子的人都自觉公平交易,不敢有欺。而董奉将卖杏得来的谷物用作赈救贫穷、供给行旅,如此每年花销三千斛,但还是有很多剩余。

　　后来董奉白日升天仙去,妻子与养女仍居山中靠卖杏过活,有欺之者,老虎追逐如故。

百仙图

断刀复原

　　李阿是三国时蜀人,容颜始终不老,时常在成都街上沿门乞讨,无论讨到多少,全部施给穷人。每日夜去朝还,人们不知其踪迹。

　　有个叫古强的人,怀疑李阿是个神仙,就试着尾随李阿,于是知道了李阿住在青城山中。古强每次相随,害怕山中有狼虫虎豹伤害,便偷偷将父亲的大刀带在身边,以防意外。李阿看见大刀,生气地对古强说:"你随我出没,还害怕狼虫虎豹!"说罢便将古强的大刀扔在地上,结果刀从中间折断。古强一见,心中十分不安。第二天早晨,李阿问古强:"你还是为了大刀折断而担忧吗!"古强答道:"不瞒你说,实在害怕父亲责备。"李阿将断刀拿起,用力在地上叩击,结果大刀又完好如初。

　　一天,古强随李阿返回成都,途中遇上人牛车,李阿伸脚去挡,脚被人牛车辗成骨折而倒在了地下,随即昏死过去,古强守在李阿身边。过了一会儿,李阿又重新站了起来,被辗骨折的脚也完全康复,没有丝毫痕迹。当年古强是十八岁,李阿看样子有五十上下,等到古强八十多岁时,而李阿的容颜还是老样子,没什么变化。一日,他突然对人们说:"昆仑山的神仙召我前往,我决定去了。"说罢便没了踪影。

百仙图

石变为羊

黄初平是晋时丹谷人,十五岁那年,家人叫他上山放羊,有个道士看他温顺谨慎,便将他带至金华山石室中,这一去就是四十年。初平的哥哥初起进山寻找,历经数年,也未找到。一日,初起碰到一个擅长占卜的道士,便占了一卦,请道士为自己指点迷津。道士说:"金华山中有一个牧羊儿,姓黄,名初平,毫无疑问是你弟弟。"初起听罢,就随道士去找初平。兄弟二人相见,悲喜交集,一番问候后,初起问:"咱家的羊群呢?"初平答道:"就在附近的山东。"初起前去看望羊群,却不见羊群,只有一眼看不到边的白石头。初起折回身,又去问初平:"山东没有羊群,只有石头啊!"初平说:"羊群就在那里,但哥哥您看不见。"说罢,便与初起一起来到山东,随着他一声"羊起"的呼唤,白石尽变为羊,有数万只之多。见此情景,初起感慨不已地说:"弟弟你独自得到仙术,哥哥我可以学会吗?"初平道:"只要好好修道,便可得此仙术。"于是初起也弃家别妻,留住山中,跟初平学道,兄弟二人食松脂、吃茯苓,都活到了五百岁,而仍是童子颜色。既能坐在立亡,又能行于日中而无影,后亦成仙。初平改号赤松子,初起改号鲁班,宋、元时皆有封号。

百仙图

壶中仙境

费长房是汝南人,曾任市掾。集市上有一卖药老翁,他卖药口不二价,并且治病皆愈。老翁卖药时将只空壶悬挂在集市一处,等到市罢,便跳入壶中。集市上的人都不曾看见这一幕,惟独让位于楼上的费长房看到了。费长房知道老翁不是凡人,于是日日自扫老翁的坐前坐后,还供给佳肴,老翁也受而不辞。天长日久,老翁觉得费长房是笃诚之人,便与费长房说:"明早再来吧。"第二天费长房准时赶到,老翁携费长房共进壶中,只见晶莹洁净的玉石殿堂宽阔无比,美味佳肴摆了满满一桌。二人在壶中杯来盏去之后,尽欢而散。老翁还叮咛费长房不可将此告诉他人,并说:"我本是仙人,因犯了过错而被谪下凡来。如今当回仙境去了,你能否随我同去?"费长房心欲求道成仙,但又怕家人担忧,老翁看透了费长房的心思,便断了一截青竹,和费长房高低一样,并将此青竹悬于费家屋后。家人看见的是费长房自缢的情形,于是老少惊号不已,将其葬埋。此时费长房就在一旁,但没有人能看见。随后费长房便跟着老翁入深山、践荆棘,闯过一道道难关,学得仙道。后来费长房返回家中,不但能医治百病,还可以鞭笞百鬼。这老翁就是时常说的壶公。

百仙图

驾云仙去

蓝采和,不知是何时何地之人,常常穿着破衣烂衫,挎着个三寸多宽的黑木腰带,一脚着靴,一脚跣足。炎热夏天他的衣衫内加装棉絮也不觉得难受,数九寒冬他却卧在冰雪中,还周身冒热气。蓝采和在集市上行乞时,手持三尺长的大拍扳,摇摇晃晃像喝醉了酒似的,一边走一边唱,所以逗得男女老少尾随其后看热闹的不少。他似狂非狂,所唱之歌词虽为随便而作,但往往包含着神仙的意思。

蓝采和将行乞所得之钱用绳子穿着,然后拖着往前走,即使掉了他也不在乎,甚至连头都不曾回一下。有时他将钱赠送给穷人,有时却分给酒家。如此周游天下不知多久,有人儿时见过他,待到头发花白再见到他时,觉得他容颜神气丝毫未变。后来有一天蓝采和行乞到濠梁一带,在一家酒楼正饮酒时,忽然听到一阵笙箫声响起,随即空中出现一朵彩云和一只仙鹤,蓝采和便乘云驾鹤冉冉而上,接着他常用的腰带、拍扳,常穿的烂衫、单靴却徐徐降下,过了一会儿就消失了,不知去向。

百仙图

周游华戎

耆域是古印度人,其神奇变幻及道术高深人莫能测,曾周游中原和西域各地。

晋武帝时,耆域游至襄阳(今湖北襄樊),欲搭乘船只渡过江水。船上的人见他衣服既粗糙又简陋,瞧不起他而没有让他搭船。然而当船行至江之北岸时,耆域已经渡过江水到达北岸。只见在耆域的前方有两只老虎,耆域抬手抚摩了一下两只老虎的头,转眼老虎便没了踪影。

一天,耆域和众人辞别,众人将他送至城外,耆域依旧慢慢地走动,但送行的人跑着还是追不上。就在同天,有人从长安(今陕西西安)来,说在那里见到耆域,而商人胡湿,却于同天在相隔九千余里之遥的西北沙漠地区也和耆域相逢。

百仙图

置斧观棋

　　王质,晋时衢州(今浙江衢县)人。一天王质入山伐木,走到了石室山,看见石室中有几个童子正在下围棋,他觉得好玩,就放下手中的斧子,站在一旁观看童子们下棋。童子们把一个像枣核的东西交给王质,让他含在嘴里,咽下其中的液汁。随后王质便不觉得饥饿和口渴,继续兴致勃勃地看着童子们下围棋。正看得入迷,童子们关照他说:"你来这里已经很久了,还是回去吧。"王质这才记起入山伐木一事,急忙去拾取斧子,不料斧柄已经腐烂在地,拾都拾不起来了。王质赶快往家跑,待他回到家里,据老人回忆,说至少已有好几百年了。由于王质的亲人故旧已经没有一个幸存在世,无奈之下,他又进入山中,并且修炼得道。据说,后世的人还常常能在山中看见他。

百仙图

戏法多端

葛玄字孝先,丹阳句容人,号曰葛仙公。仙公曾跟随左慈学道,得丹液仙经之真传。据说,葛仙公神异多端,不能尽述,在此略举二例:

一次,葛仙公与客人面对面进餐,二人言及变化之事,客人道:"请先生做一个变幻戏法的事情给我看看。"仙公说:"您这等急忙想看,难道是没见过?"说罢,便将吃进嘴里的饭食咳出,咳出的饭食变成了数百只蜜蜂,全部聚集在客人的身上,但不螫人。过了一会,仙公张开口,数百只蜜蜂又都飞入口中,他嚼咬几下,又成了饭食。仙公有道术,能指点石头人使其行走,用手指着蛤蟆及昆虫燕雀,这类动物便会像人一样,踏着节拍、合着弦乐唱歌跳舞。

葛仙公曾跟随吴主出巡,当时各乘一船,行至三江口,狂风突起,大多船只漂没,仙公所乘的船也不知去向,吴主感叹道:"葛仙公有道术,怎么连狂风也躲不过呢?"第二天,忽然有人看见葛仙公从水上走来。当他走近吴主之船时,尚是浑身酒气,而且还有些醉意,并向吴主拜谢道:"昨天,伍子胥硬要我留下喝酒,所以慢待了陛下。"后来葛仙公也升天仙去。

百仙图

跨虎陟峰

吴彩鸾是唐代人吴猛的女儿。相传,端州有个崇元观,是神人丁义之女秀英炼丹的地方。彩鸾也入崇元观修炼,并学得道术。唐文宗太和末年,有个叫文箫的书生,寄居在钟陵紫极宫。秋季的一天,文箫到西山观光游览,看见一美女边走边唱道:"若能相伴陟仙坛,应得文箫驾彩鸾。自有绣襦浑甲帐,琼台不怕雪霜寒。"文箫猜想这美女是仙人,于是便驻足观看。唱歌的美女就是彩鸾,此时也在恋恋不舍地左顾右盼,她唱完歌词,就直穿松林登上高山而去,文箫过险阻而蹑手蹑足随其后。彩鸾回过头道:"郎君莫非就是文箫吗?"文箫点头称是。彩鸾随后就将文箫引到山顶,那里的一切摆设,都不是人间所能有的。正当二人情意殷切之时,忽然风起雨至,帷帐倾覆,桌子倒地,一个仙童厉声斥道:"吴彩鸾因私欲而泄漏天机,当谪到人间一纪!"于是彩鸾和文箫双双回到钟陵。

文箫家贫,生活不能自给,彩鸾便抄写孙愐所著的《唐韵》,只见她运笔如飞,一天抄成一部,出售后能获得五缗钱。钱用完后再抄写,如此靠抄书卖书二人过了十年。慢慢的人们也知道了他俩的情况,不得已,他俩只好去了绍兴越王山。一天,二人各跨一虎,升至山顶而去。

百仙图

竹化青龙

黄仁览字紫庭,南城人。父亲黄万石,在晋做过御史。

仁览师从许君,尽得其道术,许君便将女儿许氏嫁与仁览为妻。仁览出仕任青州从事,他独自骑马赴任,叫妻子留住家中侍候父母。然而,仁览每天夜里偷偷回家,与妻同居,但外人都不知道。一天晚上,家人听见许氏房中有笑语声音,便报告了许氏之公公、婆婆。婆婆问许氏,晚上和谁说笑,许氏道:"同郎君黄仁览。"婆婆不信,并说:"我儿在数千里之外做官,怎能夜夜回来呢?"许氏答道:"仁览他已修得仙术,千里路程顷刻就能到达,他告戒我不要泄漏这事,所以我才不敢让您知道。"婆婆便说:"如果真是这样,我也要见见儿子。"当天晚上仁览一回来,许氏便告知婆婆。第二天天亮,仁览不得已,只好走出房子拜谒父母道:"儿子确实夜夜回家与妻同居。然而仙道秘密,不可轻易泄露,因此不敢同父母大人见面。"说罢,取来一根竹杖,须臾之间化为青龙,仁览又乘青龙而去。父亲黄万石目睹这一变化,也拜许君为师,潜心道术。一家人中,惟独二弟天性好猎,仁览曾用折草化鹿的方法劝他去除狂妄之心,然无济于事;又多次开导,还是不从。后来,仁览与父母家人三十二口白日升天,当时二弟尚在外打猎,可能是无缘飞升吧。

百仙图

与虎同行

郑思远年轻时是个书生,擅长乐律与历法,晚年拜葛孝先为师,跟其学习诸经及丹法,居住在庐江马迹山中。

马迹山中有只母虎生了两只虎崽儿,虎母被人杀掉后,虎父也受惊吓而逃离,两只虎崽面临饥饿,思远未加思索,便将两只虎崽抱回家中饲养。后来,虎父寻找崽儿来到思远家,长跪不起,向思远叩首致谢,并依恋地跟在思远前后左右而不离去。从此之后,思远每次出行,都骑着虎父,两个虎崽尾随其后,驮着思远的经书、药物和行李。有一次,思远的朋友许隐在永康江横桥上遇见思远及三只老虎,当时许隐正患牙痛,他听别人说将虎须弄热插在牙齿间可以医治牙痛,于是求思远拔一根虎须来治牙痛。思远一听满口答应,便从虎背上下来,为许隐拔虎须,而老虎伏在地上纹丝不动,任思远摆布。后来思远升天仙去,被称做丹阳真人。

百仙图

夫妻赛法

刘纲字伯鸾，是晋上虞县令。他为政崇尚清静简易，所辖境内既无水涝干旱之害，也没毒虫瘟疫之灾，年年丰登，岁岁平安，所以远近的人都喜爱而羡慕他。

刘纲和夫人樊氏俱有道术，能召鬼神、禁变化。闲暇时刘纲便与樊夫人较量道术。刘纲作法使火烧房舍，大火从东而起；樊夫人则作法使降雨灭火，大雨从西而来。他们家的庭院中有两株桃树，樊夫人念咒使其中的一株上的桃子自动落入箱箧中，而刘纲则念咒使另一株上的桃子自动落到篱笆外。刘纲向盘中一唾即成鲫鱼，而樊夫人向盘中一唾即成水獭，吞下鲫鱼。刘纲和夫人去四明山的途中碰上老虎挡道，刘纲禁止其动，所以老虎伏在地上不起，冲着他吼叫。而樊夫人则直接来到老虎跟前，老虎便俯首看地，不敢抬头仰视，于是用绳将其系好牵回家中，拴在床侧。刘纲欲模仿夫人举动制服老虎，但屡屡失败。

上虞县县衙旁有一棵大皂荚树，刘纲上到树上数丈处才能飞升，而夫人则端坐在床上便冉冉如云升起。后来二人同日升天仙去。

百仙图

追之不及

　　孟钦是河南洛阳人氏,因得左慈、刘根道术之真传,所以人们羡慕不已,争着拜他为师。前秦苻坚闻知孟钦之名,先是召至京城长安礼遇有加,不久又恨其造谣惑众,命令苻融想方设法将其除掉。

　　一天,苻融设宴款待孟钦,大家酒喝到兴头上时,苻融使了个眼色,让手下人收拾孟钦。不料,眨眼功夫,孟钦化为一阵旋风并随风而去。一会儿,有人向苻融报告说孟钦在城东,苻融立即派骑兵追赶,等到快追上时,忽然之间孟钦又到了远处。有时眼看就要追上了,或者会有兵卒出面抵抗骑兵,或者会在骑兵面前出现一条河流,骑兵无法渡过,只好停足不前,就在骑兵犹豫之际,孟钦便又没了踪影,结果还是没有追上,更谈不到加害了。苻坚死后,有人在青州看到了孟钦,苻朗派人去寻找,孟钦又进了海岛,随后升仙而去。

百仙图

神人指点

鄞去奢,衢州龙丘人,家住九峰山下,是崇仙宫的道士。去奢自幼学道,精勤不怠,废寝忘食。刘宋初年,他三十多岁,隐居于处州嵩阳县安和观。这安和观北五里处有个卯山,高五十余丈,相传是张天师和叶静修炼之所。去奢仰慕前人事迹,就在此结庵居住。

在卯山的东南有一方石,宽二丈有余,去奢常坐其上,默默静思,因而感动了上天,有神人对他说:"张天师有一口斩邪剑和一石瓶金丹就藏在方石下,你可以取出享用。"去奢感谢神人指点,并说:"这方石是天然设置,不是人力所能移动的。若没有上天保佑,剑和丹是取不出来的。"神人点头称是道:"只要你勤修苦练、坚持不懈,剑和丹会不取自来的。"去奢三年如一日地勤修不怠,神人将剑与丹交给了去奢,果然是张天师的七星剑和红而发亮的金丹。

当时丽水人华造任州刺史,为人凶残,他听说去奢有神授予的剑和丹,便率兵围攻卯山,将去奢抓到州府,将剑和丹与去奢分开。时值盛夏,去奢被关在一空室中滴水未沾、粒米未进,华造以为去奢早已饿死。待打开门时,只见去奢神色依然安闲,容颜白中透红,比来时更好。华造惊异不已,又将去奢送归卯山,而把剑和丹留在州府。当天夜里,风起雷鸣,剑、丹自动飞向去奢之处所。

百仙图

图形题赞

徐则是东海郯人,沉静寡欲,年轻时便有隐居之志,后入缙云修道。虽天长日久,但徐则修道始终如一,因此而感动了太极徐真人降临,并对他说:"你过了八十,方可成为王者之师,然后才能得道成仙。"从此之后,徐则结庐于天台山,不食五谷,靠吃松果活命。

隋炀帝为晋王而镇守扬州,修书一封,召徐则前往王府。徐则看到隋炀帝的书信后,对门人说:"我今年八十一岁,而晋王召我,说明徐真人说的灵验了。"他如约来到晋王府,晋王却请他传授道法,他只好以时日不利为借口进行推辞。当天夜里,徐则忽然死去。隋炀帝派人将其装入棺中,送回天台山。就在那天,江都道中有人看见徐则徒步上了天台山。他回到山上,把经书道法交给弟子,亲自打扫了一室,并说:"当有宾客前来,应在此室接待。"说罢,跨石梁而去,那年徐则正好八十二岁。后来,隋炀帝闻知此事,使人为徐则画像,还令柳䛒为像题赞。

百仙图

青鸟报信

　　王延字子元,扶风人氏。九岁就喜欢道术,以焦旷真人为师,真人传授他三洞秘诀。

　　王延不食五谷,只食松饮水而已。周武帝召他到京城,在京城住了些时日,他便请求返回山中居住。王延曾寄居西岳,那里缺乏油脂,他便于住处放一器皿,夜过天明,器皿中的油脂自满。每次有宾客前来,两只青鸟就先来报信;在他居住的地方,总有训练有素的虎豹围绕,如同卫兵守护一般。隋文帝即位,建了一个仙都观,下诏让王延主持观中事务。仁寿四年(604年),王延对门人说:"我想回西岳去,但怕皇上不答应。"话音刚落,便命断气绝于仙都观中,文帝派遣使者护送王延的灵柩到西岳安葬,等到了西岳下葬时,打开棺材一看,里面竟是空的。

百仙图

济世救人

孙思邈是唐京兆华原(今陕西耀县)人。七岁时就能日诵千言,独孤信看见他说:"这是神童,日后定能成大器。"待他长大成人,喜欢谈论老庄之学。北周宣帝时,因王室多事,他便入太白山学道,练气养身,寻求长生之术。

孙思邈洞晓天文推步,精通医药,注重积德行善。一天,见牧童打伤一条小蛇,他便脱下衣服,赎回小蛇,为其疗伤,然后放还草中使活命。此事过后十多天,他外出游览,见到一个白衣少年,执意邀他到家中叙谈。不知不觉,他俩来到一个城郭,四处鲜花盛开,金碧辉煌。少年请思邈入内,一眼便看到头戴夹帽身穿绛色衣服的人,这人周围站满了侍从,见到思邈,欣喜若狂地迎上,并致谢道:"深蒙道士厚恩,故遣儿子相迎。"说着,又顺手指着一个身穿青衣的小儿说:"前些日子这个儿子独自外出,被牧童弄伤,多亏道士脱衣赎救,才有了今日。"随后令青衣小儿向思邈拜谢。思邈这才明白,眼前的一切,皆是因为先前脱衣赎救青蛇的缘故。思邈暗中问身边人这是什么地方,答道:"这是泾阳水府。"身穿绛色衣服的王者下令摆酒菜、奏音乐宴请思邈。思邈以自己辟谷服气来推辞,只饮了些酒。在此停了三天,王者以金珠相赠,思邈坚持不要,王者便让儿子拿出龙宫奇方三十剂交给思邈,并让仆人牵马送思邈返回。思邈历试此方,都很灵验,于是将其编入《千金方》中。

百仙图

入水斩蛟

赵真人名昱,修炼得道,隐居于青城山中。隋文帝听说赵真是有道术之士,下诏叫人聘任他,于是赵真人做上了蜀郡太守。蜀郡境内有个冷源大河,河中藏着毒蛟,毒蛟一动,河水就泛滥,使沿岸人们的生命财产受到很大损失。端午节这天,赵真人命令千名士卒聚集在河边鸣金击鼓,自己带六人一同入河中斩蛟。过了一会儿,只见赵真人右手执剑,左手拿着蛟头浮出水面。因当时一起入水斩蛟的还有另外六人,所以当地人们把他们合称为"七圣"。隋末战乱,赵真人又隐居山中,后来不知去向。

百仙图

倒骑白驴

张果为唐之方士,隐居于中条山,经常往来于晋汾之间,学得长生秘术,自言生于尧时。

张果时常倒骑着一头白驴,日行数万里,休息时即将白驴折叠起来,薄厚如纸,藏于巾箱之中。起身需要骑时,口中含水朝着折纸一喷,便又成了白驴。唐太宗、高宗召他入朝,他没有前往。武则天下令召他出山,他装死于妒女庙前。时值盛夏,不久躯体腐烂生虫,则天以为张果真的死了。后来有人在中条山又看到张果,于是唐玄宗便于开元二十三年派通事舍人裴晤入中条山迎接张果。张果巧妙地加以拒绝。玄宗又让徐峤、卢重玄带上亲笔御书迎接张果,这回张果终于出山,来到东京,被安置在了集贤院。

一天,玄宗赐张果饮酒,张果说:"小臣我酒量不过二升,但我有个弟子可饮一斗。"玄宗高兴之余,令召张果弟子来饮酒。转眼之间,一个小道士从大殿的檐上飞下,十五六岁,姿态美容貌佳,举止文雅大方,小道士拜谒过玄宗,玄宗便赐酒使饮。饮了一斗之后,张果辞谢道:"请皇上不要再赐酒给他了,能博得龙颜一笑就行了。"玄宗坚持再赐,小道士大醉,酒从头顶上涌出,将帽子冲落在地,落在地上的帽子忽然化为盛酒的金榼。在坐的人非常吃惊,纷纷前去细瞧,不料小道士没了踪影,只有金榼留在地上,经人验证,这金榼正是集贤院中的金榼。随后,玄宗让人把张果的图像画在集贤院,并赐号通玄先生。

百仙图

天降仙衣

　　匡智是唐京兆长安(今陕西西安)人。贞观年间,他弃妻别子,与侄儿大郎同入庐山修道。就在叔侄俩才到庐山的第七天,有位老者对匡智说:"这庐山为阴地,不宜修仙。在此之南有一名山,为得道圣地,可前往而居住修炼。"接着匡智与侄儿结伴来到吉州,刚能望见义山,山神便化作樵夫,引他俩进入山中,并说:"这里安静,适合修道。"匡智便在这里设坛,以供修行之用。匡智坚持不懈地在义山修行了多年,忽然有一日从天上降下一件仙衣,匡智将其刚穿在身上,就觉得体轻若飞,脚下生云,随后便冉冉上升而去。匡智成为天仙之后,其侄大郎也修道成功,做了一位地仙。

百仙图

乘犬仙去

韦善俊是唐时京兆(今陕西西安)人。母亲王氏怀韦善俊时,每次吃荤腥食物便腹痛不止,只有吃蔬菜素食才安然无恙,直到善俊出生都是如此。

韦善俊十二岁时就坚持吃素食,后遇上道士韩元最,传授给他秘诀要旨,从此便有两青童随时侍奉左右。中宗嗣圣年间(684年),善俊寄居在升仙观,有神人厉声责斥他道:"你是什么人,敢居住在此,快快离开吧!"善俊知道这是神人在考验自己,于是便说:"神人既然在试我,又何必逼得这等急呢?"随之神人声色缓和,对他劝勉一番后离去。

一天,韦善俊外出游览途经坛墟店,遇到一只黑犬,围着他前后左右地转,就是不离开他,无奈之下,他将黑犬饲养起来,并为其取名乌龙。数年后的一天,善俊对弟子们说:"我学道已有一百年了,如今太上老君召我,我当如期前往。"话音刚落,那只黑犬忽然增长了数丈,化为一条黑龙,驮起善俊升天仙去。

百仙图

蝉蜕蛇解

聂师道，号问政先生，唐时歙县（今安徽歙县）人，以侍奉父母孝顺出名。

聂师道年轻时就喜欢道术，而且修道精勤刻苦，学得服食松脂方法，于是便不畏艰险，攀藤登崖，入绩溪百丈山采摘灵芝，有幸听得仙乐，采到仙药。从此更是一心修道，前往南岳并留住招仙观。

聂师道在招仙观修炼时，闻知蔡真人就隐居在山中，而且离洞灵源不远，因此他就七天不食五谷，独自进深山拜访。途中遇到一位老父，问他是从何处而来，要往何处而去，聂师道如实作答，老父便随手折得一草给他。师道接过放入口中嚼之，其味甘甜，从此他便日益精强刚健。每每入山，虎豹看见他就垂耳摇尾、俯伏于地，他一呼唤，乃起立随他前行，如同训练过一般。

数年后的一日，聂师道对徒弟们说："天上的仙官召我前往。"话音刚落便没了性命。等到徒弟们为他穿衣入棺时，只听得棺中有声，掀开一看，若蝉蜕壳、蛇蜕皮，已羽化为仙了。后来有人从豫章方向来，说他在路上看见了聂师道。

百仙图

石上说经

　　李筌号达观子,住在少室山,喜欢神仙道术,从嵩山虎口岩玉匣中获得了一本破烂不堪的《黄帝阴符经》,据说此经乃寇谦之所藏。李筌虽抄、读了数千遍,仍然不解其义。后至骊山,遇上一位衣衫破旧、手扶拐杖、状貌怪异的老妇在路边生火烧树,并且边烧边说:"火生于木,祸发必克。"李筌觉得这是《黄帝阴符经》中的话,便问老妇:"这话出自《黄帝阴符经》,你怎么会知道?"老妇答道:"我学此经已有三百六十年了,你如此年轻是怎么知道的?"李筌稽首再拜,向老妇说明了得经之情况。老妇看李筌长得端正,像个尊贤好道之人,便坐在石上,给李筌讲解《黄帝阴符经》的大义。讲得久了,老妇道:"现在已到吃饭的时间了,我这里有麦饭,咱们就吃麦饭吧。"说着,从衣袖中取出一个木瓢,让李筌到山谷中打些水来。李筌拿着瓢来到谷中,给瓢中盛满水,这时瓢重若千斤,他用尽力气也拿不起,随之瓢沉入水中。等到李筌再回到石头旁,老妇已不见踪影,此处只有几升麦饭而已。李筌便将麦饭吃下,从此后就不吃五谷了。

　　唐开元年间(713～741),李筌任江陵节度使、御史中丞,有将军谋略,作《太白阴符经》十卷,又著《中台志》十卷。后入名山修道,人们不知其所止。

百仙图

泼墨成画

吴道元字道子,唐阳翟(今河南禹县)人。相传曾学书于张颠、贺知章,未成,乃改习绘画。道子出仕任兖州瑕丘尉,漫游洛阳时,明皇闻其名,召入宫中做了供奉,由此名扬天下。画法上道子学习张僧繇,人们都说他是僧繇的替身。世称顾恺之画邻居之女,用棘刺其心而女子呻吟。道子在僧房中画一头驴,每天晚上僧人的住处便有踏步声,惹得僧人难受不已。僧繇画龙,刚一点睛,就一声雷响,龙破壁飞去。道子画龙,鳞甲能动,每到雨天,便有烟雾笼罩其上。

当时,宫中有段数丈长粉刷过的白墙,明皇让道子在上面画些山水风景画。道子先调了一盆墨,再将其全部泼到墙上,然后用幕布盖住。过了一会,取下幕布,请明皇前来观赏。墙上山水林木、人烟鸟兽,应有尽有。明皇观赏了好久,赞叹不已。道子走到明皇跟前用手指点道:"这个山岩下面,还有一个小洞,洞中住有仙人,扣之必应。"说罢,便用手叩击,忽然洞门开启,门旁有童子站立侍奉。道子对明皇道:"洞中甚佳,臣先进去了,希望陛下跟着进来。"道子遂入洞中,举手招明皇,明皇无论怎样都难入其中,停了一会,洞门自然关闭,人们不知道子去了何处,而那面画有山水林木、人烟鸟兽的墙壁,又恢复为白色,没有丝毫墨迹存留。

百仙图

立誓不嫁

何仙姑，是广州增城县何泰之女。据说她生下来时头顶就有六根长毛。唐武则天时何仙姑居住在云母溪，十四五岁时，梦见神人告诉她说："服食云母粉，可以身体轻盈、长生不死。"梦醒之后，一切还是记得那么清楚明白，于是便开始服食起云母粉来，并立誓不嫁，一心修道。

何仙姑经常往来于山谷中，她走路如飞，不论有多远的山路，她都是朝出夕归，采来山果供养母亲。后来她渐渐不食五谷，连语言也异于常人了。武则天闻知她的不凡，派人召她进京入朝，行至途中她便没了踪影。相传，景龙（707～709年）中，何仙姑白日升仙。天宝九载（750年），有五色云起于麻姑坛，一位仙子从云中翩然而出，正是何仙姑。大历年间（76～779年），又现身于广州小石楼，时高翚任刺史，曾上奏朝廷言及此事。

百仙图

十试皆过

吕岩字洞宾,为八仙之一。相传在吕洞宾未得道成仙之前,云房先生曾十试洞宾。第一试:洞宾从远处回家,忽见家人全部病死。他心无悔恨,只是准备棺材衣服而已。第二试:洞宾在集市上卖货,价格已经说定,但买者翻悔,只出一半价钱。他不与其争,扔下货物离去。第三试:洞宾大年初一出门,遇上乞丐上门求钱,他随即取钱给乞丐,乞丐反贪得无厌,并出语伤人,洞宾只是笑而致谢。第四试:洞宾在山上牧羊,遇上饿虎追逐羊群。他将羊赶到山坡下,用自身挡住饿虎。第五试:洞宾在山中草舍读书,一美貌少女自言迷路,要求借宿。夜晚,少女又百般调弄,如此三日,洞宾竟不为之所动。第六试:洞宾一日外出,家中财物被盗贼偷走。他毫不怨恨,躬耕自给,锄草时发现黄金,毫不动心。第七试:洞宾买了一件铜器,回家一看是金的,便四处寻访卖主,直到物归原主。第八试:一狂道士在路上卖药,自言服了他的药立死。洞宾买了道士的药,吃下之后安然无恙。第九试:河水泛滥,洞宾与众人一起渡河,风浪猛起,众人恐惧不安,洞宾端坐不动。第十试:洞宾独坐一室中,忽见数十个夜叉押着一个死囚朝他走来,死囚血肉模糊,边哭边对他喊:"你前世杀我,今当偿命!"洞宾说:"杀人偿命,这是天理,应该的。"起身欲自尽。突然空中一声巨响,鬼神随之不见了。

百仙图

奉命召之

　　李贺字长吉,出郑王之后,为唐宗室子。李贺生来纤细瘦弱,眉毛短而上翘,指甲有一尺多长。他七岁就能赋诗作文,韩愈、皇甫湜听说后不大相信,待路过他家,亲自让他赋诗,不由得大吃一惊,都说他确实是个奇才。后来,李贺出仕任协律郎,去世时才二十七岁。

　　相传,李贺临终前,忽然看到一个身穿绯衣的天使,驾着一条长有角的红色小龙,手持玉版之书从天而降,玉版上的字像上古时的篆体霹雳石文,李贺不认识,读不出来,天使对他说:"奉帝命召李长吉。"李贺一听,迅速下榻叩头拜谢。并说:"我母亲年老多病,我不想去,要侍奉母亲。"绯衣天使笑着道:"天帝的白玉楼刚刚落成,就立即下诏召你去写题记。天上无比快乐,一点也不苦啊。"李贺哭泣不已,眼泪打湿了衣襟,过了一会儿,便气绝而亡。很多人都看见了这一幕。

百仙图

以诗观志

韩湘子字清夫,韩愈的侄孙落魄之际,遇上纯阳先生,便与之同游,攀登桃树而坠落身亡,随后遗其形骸而仙去。

韩湘子成仙后,前来拜见叔祖韩愈,韩愈不知真情,仍劝他学习。韩湘子说:"湘子我所学的,和叔祖您学的不同。"韩愈有点不乐,让他作首诗,想从中看看他的志向。韩湘子吟道:"青山云水窟,此地是吾家。子夜餐琼液,寅晨咀绛霞。琴弹碧玉调,炉炼白珠砂。宝鼎存金虎,芝田养白鸦。一瓢藏造化,三尺斩妖邪。解造逡巡酒,能开顷刻花。有人能学我,同共看仙葩。"韩愈看罢此诗,有些不信,便说:"难道你能夺造化之工?"说完打开酒壶,原本无酒的空壶顷刻装满了佳酿;韩愈又聚了一堆土,无缘无故开出两朵白花,比牡丹花还要硕大艳丽,花间露出一副对联:"云横秦岭家何在,雪拥蓝关马不前。"韩愈不解对联之意,韩湘子告诉他日后会自验的。

不久,韩愈因极谏佛骨表惹怒唐宪宗而被贬官潮州,途中遇雪,有一人冒雪而来,即韩湘子也,此地正是蓝关。于是叔孙二人在蓝关客栈住下,韩愈这才相信侄孙所说没错。韩湘临走时,送给叔祖一瓢药粒,并告诉他服一粒可以御防瘴毒。韩愈悲伤不已,韩湘子说:"叔祖您不必难过,不久就会重回中原,而且还会被朝廷重用。"后来一切皆如韩湘子所说。

百仙图

乘马过海

伊祁玄解头发密而黑,面容嫩而白,身体洁而香,经常乘着一匹黄色牝马。这马不吃草、不吃粮,也不施缰绳、带笼头,惟独背上放一块青毡而已。玄解骑着他的黄牝马游历于青兖一带,和人们谈起一千年以前的事,其清楚如亲身所经、亲眼所见一般。唐宪宗听说玄解是个神人,便将他召到宫中居住。宪宗问他:"先生您年高而容颜不老,有何秘诀?"玄解答道:"海上种有灵草,吃了灵草就成这样。"于是在皇宫的大殿前种了三种灵草:一曰双麟芝,一曰六合葵,一曰万根藤。宪宗吃了这灵草,也觉得功效神奇。

玄解想返回东海,宪宗不许,为了留住玄解,宪宗让人在宫中用木头雕刻了个蓬莱三山,并用彩绘、金玉将其装饰得格外华丽。正月初一这天,宪宗与玄解一同去看刚刚竣工的蓬莱三山,宪宗指着蓬莱三山说:"如果不是上仙,怎能进入这等境地呢?"玄解笑了笑道:"蓬莱三岛近在咫尺,这有什么难的。小臣我虽然无能,但是还想试试,暂时离开陛下,前去游历一番。"说罢便纵身一跳升入空中,身体渐渐变小,随之进入饰有金银的蓬莱山宫阙之中。周围的人急忙连声呼叫,却毫无回应。宪宗既思念又悔恨,险些病倒,因此称雕刻的蓬莱三山为"藏身岛"。十多天以后,青州官员上奏说玄解乘着他的黄色牝马过海而去了。

百仙图

掏钱施人

轩辕集，居住在罗浮山，人们口耳相传，说他有数百岁了，但容颜丝毫不老，头发长得拖在地上。他一人独坐暗室之中，眼睛放射着数丈长的光芒。时常于高山绝岩间采药，毒蛇猛兽尾随其后，就像是侍卫随从一般。常人请他吃饭，即使同时有一百家他都分身如约前往。轩辕集与人饮酒时，往往是从衣袖中取出小壶，那壶最多只能容二升酒，但满座宾客狂饮一天还是饮之不竭，他独自就能喝个百升左右，却连一点醉意都没有。晚上，他便将长发垂到盆中，白天喝的酒又顺着头发沥沥而出，滴到盆中了。

唐宣宗在位时将轩辕集召到宫中，询问长生不老之术，轩辕集说："断绝声色，轻薄滋味，哀乐一致，恩德适中，便能与天地合德，与日月齐明，何况是长生不老呢？"先前京城长安没有豆蔻和荔枝花，宣宗因言谈中提及了一下，轩辕集便略施手法，顷刻之间豆蔻花、荔枝花一同开放，各有数百朵，枝叶茂盛，如同新栽似的。数日后，轩辕集与宣宗话别，决意要回罗浮山去。返回的路上，人们见他从布囊中掏钱施人，走到江陵时，已经施舍了数十万，但仍取之不尽。还未到罗浮山，轩辕集忽然之间没了踪影。后来，南海官员又上奏说轩辕集已回到罗浮山了。

百仙图

与鹤盘旋

　　侯道华是唐代芮城(今山西芮城)人,有人说他是从峨眉山来的,拜中条山道静观的周悟仙为师而修道炼丹。他时常就像是个癫狂之人,登上极高之处,立于险峻之地,如同走平路一般。侯道华天性喜爱诸子著作和史书,一年四季手不释卷。一次,因所住的房屋年久失修,透风漏雨,他便爬上梁去进行修葺,无意中看见房梁上有个小金盒,拿过来打开一看,里面竟藏有金丹,他随即将金丹吞下,顿时觉得身体轻了许多。后来他便能轻松地站在松树顶端,与空中的白云和仙鹤一起升降,并围绕着松树像仙鹤一样上下盘旋飞翔,而且越飞越高、越飞越远,渐渐地高升到天空而去。侯道华升空而去的时间是唐宣宗大中五年(851年)。后来,他又降到人间,对认识他的人说:"我之所以回来,那是因为玉帝让我做了仙台郎的缘故。"

百仙图

渔夫举网

尔朱洞字通微,是北魏尔朱氏的后裔。少年时就遇到过神人,传授给他还元抱一之道,因此自称归元子。起初尔朱洞隐居于蓬山,后来在蜀汉一带卖药。他行走快如飞,喜欢饮掺有猪血的酒,擅长有节奏地诵诗。住在旅店时,店主奇怪他屋中晚间老是发出响声,便偷偷窥视,只见尔朱洞的身体离开床向上升,升至房梁时又停了下来。店主知道他是个神人,不敢慢待。

尔朱洞卖药,一粒要钱十二万。当时有个太守要买他的药,他开口就要一百二十万,并对人说:"太守钱多,非一百二十万不可!"太守认为尔朱洞是敲诈他的钱财,便以谣言惑众为由令人将尔朱洞装进竹笼,扔到江中去了。尔朱洞顺水而下,流到涪陵时,两个渔夫驾着船撒网捕鱼,当他们拉网时,觉得非常的沉重,将网拉出水面一看,竟是尔朱洞,赶快将他从网中放出。过了一会儿,尔朱洞睁开双眼,开口便问:"这里距铜梁多远?此地有个三都吗?"渔夫答道:"我们是白石江人。这里距铜梁有四百里。从此地往东,即丰都县平都山仙都观。"尔朱洞一听这话,对两个渔夫说:"我师傅说我在三都遇上白石浮水,便能升天仙去,可能就是这里吧?"在此以前,尔朱洞每次到了江边,都要向江中投白石看其浮沉,同行的人都不明白原因。

百仙图

异地同书

刘玄英是燕地广陵(今河南息县)人,初名操,得道后改为玄英,号海蟾子,故亦称刘海蟾。他精通经学,事燕主刘守光为相,喜欢黄老之教,崇尚性命之说。一日,突然有一个自称是正阳子的道士登门拜访。海蟾请他坐于正堂之上,并以宾客礼节款待。道士为海蟾演示了道教中清静无为和金液还丹的秘诀之后,向他要了十枚鸡蛋和十个铜钱,随之将一个铜钱放在茶几上,再将那十枚鸡蛋一枚一枚地往铜钱上垒,就像佛塔一样一层一层地耸立于茶几之上。见此情景,海蟾既惊又喜,忙说:"危险!"道士说:"人居于荣禄官场,经历忧患之地,那要比这钱上累卵危险得多。"说罢扬长而去。海蟾从此大彻大悟,当天晚上便叫家人设宴。他在宴会上视金玉为粪土,将其抛之于地。第二天一大早,他穿上道袍,把官印交还朝廷,就此弃官遁迹终南山下。

数年后,刘海蟾入代州凤凰山修道炼丹,在寿宁观的墙壁上书写了"龟鹤齐寿"四字。就在这一天的同一时辰,数千里之外的蜀地一个道观中也出现了"龟鹤齐寿"四字,这表明他已掌握了分形散影和神变无方的要领。金丹炼成后,他便留下形骸而仙去。在他仙去那天,有白气从上而下集于屋顶,在屋顶上化为仙鹤,然后冲天而去。元世祖时封他为明悟弘道真君。

百仙图

叠罗剪蝶

宋仁宗庆历年间(1041～1048),京师开封居住着一个叫张九哥的人。张九哥是个奇人,一年四季都穿着一件类似道袍的青色单长衫,即使是数九隆冬,冰天雪地之时,他还是穿着单衣而不改变。燕王见此情景,觉得这张九哥非同一般,便召他前来一起饮酒,从此二人就有了交往。

有一天,张九哥去见燕王,并向燕王道别:"常蒙大王您赐酒,如今我要远游他方,故来向大王您辞行。另外,我还有一点小技,想表演给大王您观看,聊博一笑。"说罢便取出绫罗一匹、剪刀一把。他先把绫罗叠成许多层,接着挥动剪刀咔哧咔哧地剪绫罗,剪成一个个蝴蝶形状,剪成的蝴蝶随即就飞了起来,蝴蝶漫空飞舞,遮天蔽日。过了一会,张九哥又呼唤蝴蝶回来,众蝴蝶又纷纷回到他面前并聚集在一起,眨眼功夫,复原成一匹绫罗。燕王借机问道:"我能活多少岁?"张九哥回答说:"您的寿数和开宝寺的浮图相齐。"后来浮图遭遇灾难,燕王也同期薨逝。

百仙图

点化成仙

曹国舅是八仙中出现最晚的一个,关于其身世的说法也有多种。据传,曹国舅为宋仁宗之大国舅,是曹太后的弟弟。他天性纯善,不喜富贵,酷爱清虚。曹国舅的弟弟倚势妄为,目无法纪,杀死了人,被朝廷处死。曹国舅因此而深以为耻,于是隐迹高山深谷之间,矢志修道。由于他精思慕道,后来便遇到了钟离、纯阳二位真人。纯阳问他:"听说你在修养,那所养为何物?"曹国舅答道:"养道。"纯阳又问:"道何在?"曹国舅举手指天。纯阳再问:"天何在?"曹国舅引手指心。钟离笑着说:"心即天,天即道,能识本来真面目啊!"随即授以还真秘术,引入仙班。

百仙图

人变蛤蟆

　　侯先生,不知是何许人。宋真宗大中祥符年间(1008～1016年),侯先生在京城以卖药为生。他四十多岁年纪,既无胡须又无眉毛,浑身上下的肌肤到处都有若隐若见的赘瘤。侯先生时常喝得烂醉,一到夜晚,便和乞丐同宿一处。

　　当时京城中有个叫马元的人,觉得这卖药的侯先生言谈举止有些怪,夏日的一天,便尾随着侯先生来到阊阖门外。只见侯先生走到一水池旁,脱掉衣服鞋帽,纵身一跳,便进入水中洗起澡来。马元走近水池一看,没有侯先生的踪影,水中只有一只大蛤蟆。马元见此情景很是吃惊,随后急忙隐身到远处偷偷观看。一会儿,侯先生洗完澡上岸,穿上了衣服。这时,马元来到侯先生面前,拜谢不已,侯先生说:"你刚才全看见了吧?"马元点头称是,侯先生便将马元召到一酒家,拿出一粒药对马元说:"吃了这药,可以活到一百岁。"言罢,便不知去向。后来有人从蜀中来京城办事,说他在成都看见了侯先生,还是以卖药为生。

百仙图

僧道比法

　　张伯端字平叔，号紫阳，宋天台（今属浙江）人。紫阳年少时就好学道，后来因其所传的混元之道不完备而四处游历，宋神宗熙宁二年（1069年）云游到蜀地遇到了刘海蟾，刘海蟾给他传授了金液还丹火候秘诀。
　　一次，紫阳和一个僧人相逢，这僧人天天端坐，修戒定慧，自以为已经得到了最上乘的禅旨，能入定出神，数百里的路程，顷刻即到。紫阳便想与僧人较量一下闭目静坐而神游四方的法术。一日，紫阳向僧人提议道："咱俩今天一起神游远方吧。"僧人满口答应，紫阳问："那游至何处呢？"僧人道："一块去扬州观赏琼花吧。"于是二人便共处同一静室，紧闭双目，相向而坐。紫阳神游到扬州时，僧人已在那里围着琼花转了三圈了。紫阳对僧人说："咱们各自折一束琼花作为神游扬州的标记吧。"随之各自折花而归。一会儿，紫阳与僧人伸了伸腰，睁开了双目，表明神游已告结束。紫阳问僧人："您的琼花藏在何处，拿出来吧。"僧人举起衣袖拿花，结果袖中是空的，而紫阳拿出了自己的琼花，并交给僧人细细品味。
　　元丰五年（1082年）夏，紫阳盘腿端坐而化，享年九十九岁。弟子用火将他烧化，共得舍利数百，大的有鸡头米大小，绀色而透亮，认识的说这舍利的形状、颜色就是道书上说的"舍利耀金姿"。

百仙图

二鸟争食

朱有年轻时就身佩五符,宋神宗元丰(1078~1085年)初年,泸贼侵犯边塞,朝廷颁诏发动秦地的戍卒前去征讨。宋军驻扎在资中郡,而资中郡有个醮坛山,山上有李阿试仙台。当时,朱有经常出没于试仙台上。一天,朱有来到台上,正好有两只鸟儿也飞至他头顶。那两只鸟不停地飞,不停地叫,一会儿为了吃的相互争了起来,你争我夺,互不相让,结果食物坠到了地上。朱有上前一看,见这食物像松脂,就捡起吃了。刚吃下去,便觉得腹胀口渴。他四处找池饮水,却都没有结果,正在他口渴腹胀难忍而又找不到水源之际,遇到了一个道士,他急忙向道士诉说了自己的苦衷,道士随手指了指身边的松树说:"吃这松叶,可以治疗腹胀。"话音才落,道士便不见踪影了。朱有按照道士说的吃下了松叶,不但口渴随之消失,而且还觉得心爽神清了许多。在这以前,朱有不认识字,更谈不上赋诗作文了,也不喝酒。而经过这事后,朱有不但酒量大得惊人,吟诗作文也颇有文采。后来他脱掉五符,随着五符落下,他冉冉升向高空而仙去。

百仙图

如期而卒

宋哲宗绍圣(1094～1097年)初年,刘延仲寄居于秀州一带,有个姓李的道士时常从他门前经过。李道士会治病,人们向他要药,他便用鼻涕和油腻的污垢团成丸给人,病人吃了这鼻涕污垢和的药丸没有不痊愈的,因此人们都称他"李鼻涕"。

一次,李鼻涕受到刘延仲之邀来到刘家,刘延仲对李鼻涕说:"正好今天家中没有酒了,也就不能用酒款待了。"李鼻涕笑着道:"您的床头有一瓶珍珠泉酒啊,何不将它拿出来款待客人呢?"刘延仲一听这话面红耳赤,觉得非常惭愧,于是就叫侍童将那瓶珍珠泉酒快拿出来。李鼻涕说:"就不要酒了,拿个珍珠泉空杯来吧。"侍童把空酒杯交给李鼻涕,李鼻涕又朝侍童要了一张纸,然后顺手将纸盖在空酒杯上,过了一会,一股清香的味道扑面而来,空杯中竟是满满的美酒,在座的人同饮此酒,都喝得酣醉。第二天刘延仲家又有客人,他像前日一样拿出珍珠泉酒杯,但杯中竟无一滴酒残留。数年后的一天,李鼻涕又来到刘家与刘延仲话别,并告诉刘延仲道:"二十年后的某月某日,你我当于真州相见。"到了二十年后的某月某日,刘延仲果真死在了真州。

百仙图

临池照影

莎衣道人姓何,宋时淮阳军朐山(今属江苏)人。祖父名执礼,曾做过朝议大夫。道人为了躲避战乱,南下渡江,曾考过进士科,但没考中。宋哲宗绍圣年间(1094~1098年),道人来到平江,起初他身穿上下相连的白色服装,天长日久,衣服变得破旧不堪,无奈之下,他便用莎草来缝合补缀。一次他亲临池边,欣赏自己水中的影子,照着照着,忽然之间影子变得格外清晰,他似乎一下子明白了许多事情。从此之后,人们问他吉凶祸福的征兆,没有不应验的。恰巧有个病人前来求治,他随手给病人了一根草,那病人服后马上痊愈了。如果前来求治,他不赠给草的,那病人将会卧床不起。孝宗多次召他入宫,他坚持不去,孝宗就下令赐他为通神先生,并赏给衣服多套,道人概不接受。后来到外地云游,别人都不知道他的去向。

百仙图

携罐乞食

王嚞字知明,号重阳子,金代咸阳(今属陕西)人,为全真道的创立者,人们习惯称他王重阳。

相传,王重阳是母亲感异梦而妊,怀胎二十四月后才出生的。他身材修长,体貌魁伟。二十岁便考中进士科,擅长赋诗作文,才思非常敏捷。一年,天下大多地方饥荒,人相食的事时有发生。王重阳家还算富裕,所以遭到邻里之人的抢劫,随之家中也变得一贫如洗。当地官府得知他家被劫,率兵前来抓捕劫贼,他对官兵说:"我不忍心将劫贼置于死地,你们还是回去吧。"官府之人听了这话,肃然起敬。一天,王重阳在醴泉遇上了吕纯阳,纯阳亲自传授他修仙口诀和秘语,共有五篇,并且说:"你速去东海,投奔谭捉马。"话音刚落,纯阳便没了踪影。王重阳从此丢下妻子,并将二女儿送到亲戚家,然后离家远去。

王重阳天性无拘无束,人们都叫他王害风。他时常携一铁罐四处乞食,往来于蓝田、登州、昆仑之间,与他同行的还有弟子马钰、谭玉、刘处玄、丘处机等。一天,王重阳赋诗与众亲友话别,随后便溘然而逝,时年五十八岁。至元六年(1269年),元世祖下诏追赠重阳为全真开元真君。

百仙图

倒立饮酒

孔元,人们既不知道其为何地人氏,也不知其住在何处。孔元特别注重服食,靠吃松脂、松籽、茯苓维持生命,反而越来越健壮,已经一百七十多岁了,仍容光焕发,行动敏捷。酒桌上,有人请孔元作酒司令,孔元欣然答应,随后将手中的拐杖拄在地上,头向下、脚朝上地倒立着,再把酒杯中的酒一饮而尽。同坐的人看到他如此举动,一下子都惊呆了,认为他简直是神仙下凡。

孔元在水边凿了个一丈见方的洞子,经常住在里面,既不吃也不喝,一住就是一个多月。待从洞中出来时,人们看他比以前更年轻了。后来,孔元入华山修行,得道升仙而去。

百仙图

龟蛇二字

谭处端字通正，号长真子，金时宁海（今属山东）人。处端生来就骨相不凡，六岁那年不慎堕入井中，当人们搭救时，发现处端坐在水上，安然无恙。一次家中失火，栋梁折断而落在床前，当时处端正在睡觉，大家急忙将他唤醒，只见他神情自若，毫无惊慌之意。

还有一次他因酒醉长卧雪中而患风痹，于是默默诵记《北斗经》以求救治，不知不觉入睡了，梦见一张大席横贯空中，他想用手去拿，却看见很多星神端坐其上，他面对星神叩拜祈祷，忽然之间又醒了。从此便心归道家。

金世宗大定七年（1187年）王重阳在马丹阳家小住，谭处端闻讯前去拜访，重阳便留处端同宿庵中。当时天气非常寒冷，重阳伸长腿脚让他抱住，不一会儿，他浑身冒汗，如置身于蒸锅中一般。第二天，重阳将自己洗手剩下的水让处端洗脸，结果处端身上的顽疾一下子全都痊愈了。

一日谭处端在磁州行乞，一狂人突然打了他一拳，顿时齿折流血，他不但和颜悦色，还念念有词："谢谢慈悲教诲。"时值重阳在关中，听到此事后高兴地说："这一拳打得好，打消了他平生的业缘。"他日，处端因事路过高唐县，在吴六的茶馆喝完茶后，写了"龟蛇"两个字赠给茶馆老板吴六，并嘱咐吴六要将这二字挂在茶馆外。不久邻居失火，烧毁了许多馆舍，惟独吴六的茶馆幸免。人们认为这"龟蛇"二字与吕纯阳的避火符有同等功效。后来处端也遗其形骸而仙去了。

百仙图

杖击枯槐

丘处机字通密，号长春子，金元时登州栖霞（今属山东）人，幼时聪慧敏锐，十九岁时便居昆仑山修行。后来听说王重阳住在宁海全真庵，随即前往，并拜其为师。丘处机跟师傅游历于梁地，不久师傅变化飞升，他和马丹阳等四人护丧前行，将师傅葬到终南山下，还在墓侧结庐守了三年。

元太祖久闻丘处机大名，派侍臣刘仲禄行程万里迎接丘处机，还在他行营之侧为丘处机设立了两个帐篷以供居住、修行。元太祖向他请教道之真谛，他说："人到四十便血气渐衰，应修德保身，以延年益寿。"丘处机还就服药与节欲之间的关系开导元太祖道："药为草，精为髓，去髓添草，犹如囊中贮金。用金换铁，久之金尽，囊中所留者则全是铁，这铁有什么用处呢？服药而不节欲与此道理一样。"元太祖听后非常高兴，还命令身边的人将这些话记录了下来。

丘处机道术高超，祈雨而雨来，禳祸而祸除。一天，他将一把梨花送给张公，张公将其养于瓶中，到了秋天，竟结了二十四枚梨子。延祥观有一棵枯槐，他一边绕着枯槐，用拐杖击打枯槐，一边说槐树生叶，结果枯槐又复活了，后来这棵槐树枝叶茂盛，其它槐树无法与之相比。至元六年（1269年）六月，东湖干涸，北口山崩，丘处机说："这都因为我。"九日那天，他登上宝玄堂，留下颂赞一篇，书写完后而仙逝。

百仙图

随仙游历

唐广真是宋时严州（治所在今浙江建德东北）人，嫁到丈夫家后，患上了吐血、咯血等出血的疾病。一天晚上，梦见道士送药给她，服食之后果然痊愈。于是便与丈夫相互分离，拜师修道，因她虔诚有加，所以得以拜谒何仙姑。宋孝宗淳熙年间（1174～1189年）的一天，广真正在一姓郭的人家吃饭，忽听有人在唤她的姓名。她放下手中的碗筷，出门去看是谁，只见三位仙人站在门外，不知不觉，她便跟着三位仙人来到大海边，随之跨上蛤蟆的脊背，渡过大海，云游名山大川。游历了一段时日，仙人们问她："你是想脱离凡世进入圣人的仙境，还是保留形体住在人间，或者遗下形骸而飞升仙去呢？"广真答道："我有老母健在，情愿侍奉身边，为其养老送终。"仙人们听了广真的回答后说道："既然是这样，那就保留形体住在人间吧。"言罢，交给广真一粒仙丹。广真接过仙丹随即将其吞下，从此便不吃五谷。后来仙人们又将她召到德寿宫，封她为寂静凝神真人。

百仙图

垒砖头顶

郝大通字太古,号恬然子,宋代宁海(今属山东)人。大通少时丧父,侍奉母亲非常孝顺。一日睡觉,梦见有个神人拿出一本《周易》,讲解得细微周到,并将《周易》的隐秘之意也传授给了他,从此,大通便精通阴阳五行、乐律历书及占卜之术。王重阳先生来到宁海,亲自点化他入道修行。后来,大通前往岐山,又遇上仙人教授《周易》。所以他谈论吉凶祸福的征兆,没有不灵验的。

大通时常一个人端坐在赵州桥下,默默不语,当时桥上有小儿玩耍,争着戏弄他,见他不言不动,就在他头上垒砖,竟然垒成一个高高的宝塔形,他不但不生气,反而嘱咐小儿们小心,不要弄伤手足,不管小儿们如何垒、如何放,他的头都一动不动。河水暴涨,他也坐在原处一动不动,汹涌的河水对他没有造成丝毫伤损。如此这般,前后持续了六年之久。宝庆元年(1225年),他突然死在了宁海先天观,遗其形骸而仙去,那年他七十三岁,据说在此三年前,他已经预备好了身后之事。

百仙图

携篮骑牛

洪志,人不知他为何时何地之人,知识渊博,才能非凡,在庐山修行学道。

洪志时常乘着一头青牛出没于庐山,一天忽然遇到一位神人,传授他神仙方术,从此便能精通可以隐遁的六甲之术,还能役使鬼神,变幻无穷。洪志的手中,时常携着一个小篮子,篮子中装有鲜果、干肉,不管人怎么拿取享用,都是取之不尽、用之不竭。一次他远行住在一个旅舍,当时天气非常寒冷,旅舍的人看他身穿单衣出入于旅舍,觉得有些奇怪,于是便暗中窥视他的行踪起居,只见他从小篮子里拿出一床绫锦被、绣花褥,其被褥之富丽豪华,堪称独一无二。旅舍的人便认为洪志是个神人,不敢怠慢。后来洪志炼成仙丹,飞升而去。人们为了纪念他,将他时常出入往来的山谷取名为青牛谷。

百仙图

拂袖云游

张三丰是辽东懿州(今辽宁阜新蒙古自治县)人,名君宝,号玄玄子。三丰生来就与常人不同,龟形鹤背,大耳圆目,身高七尺,须髯如戟,手持刀尺,头顶一髻。稍稍长大,读书过目不忘,即时成诵。整日一笠一衲,不论寒暑皆如此,而且不修边幅,所以人们称他张邋遢。

张三丰动则日行千里,静则瞑目旬日;要吃则斗升辄尽,不吃则数月不食五谷。元朝末年,他住在宝鸡金台观,留下一篇颂赞后溘然而逝。当地人杨轨山购置棺材将其收殓,等临入土葬埋时,打开棺材一看,三丰又活了过来。后来又到了蜀地。洪武初年,三丰在玉虚宫结庵而住,在太和山修道炼丹。庵前有五棵已枯死的树木,三丰时常于树下休息,天长日久,猛兽远离而去,鸷鸟也不斗了,人们更加觉得他是个神人。数年后,三丰入武当山修道炼丹,常常对乡里人说:"这武当山总有一天会大显于世的。"在武当山居住了二十三年,一日突然拂袖而去,云游四方。永乐初年,明成祖颁敕叫正一派孙碧云在武当山建宫以安置三丰。天顺年间,赠三丰为通微显化真人,而三丰则有时隐居不出,有时为人所见。

百仙图

铁冠道人

张中字景和,元末明初临川人。预测吉凶祸福大多都很灵验。因他时常头戴一顶铁帽,所以人们称他为铁冠道人。

当时,朱元璋刚到滁阳安营扎寨,铁冠道人就主动拜谒朱元璋,并对他说:"现在天下大乱,非治国之才,不能安定。就目前看,关键在于明公您了。"朱元璋问此话怎讲,道人答道:"明公您龙眼凤眉,形状、面貌不同常人,确实是贵不可言。如果大举出兵,便就像风扫残云一般,那也就是奉天之命治理天下的日子。"朱元璋很器重道人,将他留在幕中,每次征战,道人都随军前行,往往是言出必验。鄱湖战役时,陈友谅已中箭身亡,当时双方都不知道。道人抬头望气后秘密上奏给朱元璋说:"陈友谅已经阵亡,但部下还不知道,仍在奋力作战,请作文以祭,使死囚持节幢前去哭吊,敌人便没了勇气,我方将会获胜。"朱元璋听从他的建议,结果大败陈友谅军。

一次梁国公蓝玉手携美酒来拜访道人,道人穿着便服出门迎接,蓝玉有点不悦,因而戏弄道人说:"我有一句上联,请先生接对下联:脚穿芒履迎宾,足下无礼。"道人指着蓝玉手中的椒杯道:"手执椒瓢作盏,尊前不忠。"后来蓝玉果然因谋逆被斩。道人在京城住了数年,一天无缘无故地投入水中而死。朱元璋令人入水打捞其尸,最终未获。不久,潼关守吏上奏说:"某月某日,铁冠道人手扶拐杖出了潼关。"

图书在版编目(CIP)数据

百仙图/(明)王世贞 撰；魏均,章言 编.—西安:三秦出版社,2001.12(2023.6重印)

(图文版人物写真)

ISBN 978－7－80628－535－0

Ⅰ.①百… Ⅱ.①王… ②魏… ③章… Ⅲ.①神－中国－古代－图集 Ⅳ.①B933－64

中国国家版本馆 CIP 数据核字(2023)第 084115 号

百仙图

王世贞 撰

出版发行	三秦出版社
社　　址	西安市雁塔区曲江新区登高路 1388 号
电　　话	(029)81205236
网　　址	http://www.sqcbs.cn
邮政编码	710061
经　　销	全国各新华书店
印　　刷	山东阳谷毕升印务有限公司
开　　本	720×1000
印　　张	13
字　　数	70 千字
版　　次	2001 年 12 月第 1 版
印　　次	2023 年 6 月第 2 次印刷
印　　数	5001－10,000 册
标准书号	ISBN 978－7－80628－535－0
定　　价	46.80 元

版权所有　侵权必究
凡有缺页、倒页、脱页、可与工厂直接调换。